Für Herrn Dr. Helmut Kenter — zum Pläsier!
In herzlicher Verehrung und Dankbarkeit —
Ihr
Köln, im März 1991

Henning Schlüter (Hrsg.)
Ladies, Lords und Liederjane

Henning Schlüter präsentiert:

Ladies, Lords und Liederjane

Mit einem Essay von Philippe Jullian

›Der exzentrische Engländer‹

Eulenspiegel Verlag Berlin

Das Wasser der Themse schmeckt anders als das
aller übrigen Flüsse der Welt.

Giacomo Casanova, Chevalier de Seingalt

Inhaltsverzeichnis

Philippe Jullian

Seite 9 Der exzentrische Engländer

Erstes Kapitel

29 Ankunft in Albion

Zweites Kapitel

55 My home is my castle

Drittes Kapitel

73 Damen und Dandies

Viertes Kapitel

93 High Society

Fünftes Kapitel

109 Spleen und Hobby

Sechstes Kapitel

145 Bettler, Quacksalber und Galgenvögel

Siebentes Kapitel

163 Die Lustmädchen

Achtes Kapitel

179 John Bull und die Musen

Neuntes Kapitel

197 Die schöne Engländerin

Anhang

213 Verzeichnis der benutzten Bildwerke

214 Verzeichnis der Abbildungen

Philippe Jullian Der exzentrische Engländer

Dandy, Eccentric oder Ästhet

Eine im Zenit ihrer Entwicklung angelangte Kultur pflegt der Menschheit einige Meisterwerke, viele Bauten und einen Idealtyp vorzustellen. Italien mit dem humanistischen Fürsten des sechzehnten Jahrhunderts, Frankreich mit dem Honnête Homme des achtzehnten erfanden so zwei Vorbilder, die diesen von viel weniger typischen Persönlichkeiten geschaffenen Kulturen doch beispielhaft entsprachen. Gegen Mitte des achtzehnten Jahrhunderts, als England, seines Reichtums gewiß, sich anschickte, Weltmacht zu werden, erschien jenseits des Ärmelkanals der Gentleman. In gebildeten Kreisen vereinigte er das Ideal Platos mit der protestantischen Moral, besser gesagt, den Geschmack für das Schöne mit der Hochachtung für das Geld; in sportiven Kreisen wird der Geschmack des Schönen zum Geschmack für Qualität: Der Gentleman hat auch heute noch die besten Lieferanten der Welt. Fast zwei Jahrhunderte lang blieb er ein Vorbild, bis der Zusammenbruch des Weltreiches und die fortschreitende Demokratie ihn im Ausland nur noch als ein zu anspruchsvolles Mannequin erscheinen ließen; Sir Anthony Eden wurde ein Beispiel.
Anders war jedoch die Entwicklung auf der britischen Insel selbst, wo Einbildungen Lebensinhalt sind und Ansprüche — manche bezeichnen sie als Tugenden — allen Angriffen widerstanden. Die Gleichgültigkeit der Engländer dem Zufall gegenüber ist bewunderungswürdig — sie verstehen oft, ihre Phantasielosigkeit bis zu wahrem Heldentum zu treiben. Ein Beispiel aus der Welt dieser Aristokratie, die uns noch so manche anderen geben wird: Zum ersten Mal in ihrem Leben reist Lady Pembroke ohne Chauffeur nach London. Am Bahnhofsausgang steigt sie in den erstbesten Autobus, gibt dem Fahrer eine Pfundnote und fügt hinzu: »Zum Ritz, junger Freund, und behalten Sie den Rest für sich.«
Die unumschränkte Herrschaft des Gentlemans geht ihrem Ende zu, ehrwürdig, vornehm und, es sei zugegeben, zuweilen farblos; denn zum Gentleman machen die Eigenschaften, die man nicht hat. Wieviel Dinge sind ihm unter allen Umständen verboten, und die erlaubten hängen von seiner Stellung in der Gesellschaft ab: »In ihm ist mehr, als seine Handlungen verraten; nichts darf ihn von Beruf interessieren, er pflegt Zeitvertreibe,

ist exzentrisch, doch niemals darf er einer Berufung folgen.« — T. H. Paar »English Social Differences«. In keinem Land der Erde waren die Klassenunterschiede so ausgeprägt wie in England. Europa vor dem Ersten Weltkrieg maß eine gesellschaftliche Stellung nach Geburt, wobei in Deutschland und Frankreich das Vorurteil noch der guten Erziehung geneigt war. In den Vereinigten Staaten zählte fast ausschließlich der Reichtum, und die Abstammung von bestimmten Völkern stimmte die Vorurteile günstig. In England entscheiden feine Unterschiede der Familie, des Vermögens und selbst die Herkunft aus bestimmten Grafschaften — die Erziehung ergibt sich aus diesen Voraussetzungen und erlaubt nicht, sie zu übergehen — über die gesellschaftliche Stellung, aus der auszubrechen fast unmöglich ist. Der *Debretts,* das große Jahrbuch des englischen Adels, von Snobs kurz *»the book«* genannt, bestimmt nach Nummern die Rangordnung eines jeden, angefangen von der Königin bis hinab zur jüngsten Tochter des jüngst geadelten *knights.* Die gleiche Numerierung könnte man auf den gesamten Mittelstand Englands übertragen. Jeder ist sich seines Platzes in der Gesellschaft so bewußt, daß, wie Evelyn Waugh sagte, der Gentleman da aufhört, wo die nächste Klasse beginnt, dessen, der sich als Gentleman fühlt.

Einige Ausnahmen von dieser Regel bilden die *»nature's gentlemen«,* die sich durch den Adel des Herzens oder durch sportliche Leistungen von der Mittelmäßigkeit ihrer Herkunft freikaufen. Besonders wichtig: man sollte niemals jenen trauen, die von sich selbst behaupten »I, a gentleman«, auf keinen Fall von einem Freund als »this gentleman« sprechen, sondern schlicht als »this man«. Selbstverständlich sind ihre Freunde Gentlemen, natürlich gehören sie dem gleichen Club an, jener Stammeseinrichtung, die einer gesellschaftlichen Stellung die Weihe gibt. Um das Idealbild des Gentlemans zu erreichen, erfand die englische Gesellschaft immer neue Tabus. Seit Kriegsende lösen sie sich sehr rasch auf, was das Londoner Leben für den Besucher ein wenig amüsanter macht. Im großen und ganzen mochte dem Ausländer die Herrschaft des Gentlemans als die Verkörperung der Langeweile, der Arroganz zuweilen, des tadellosen Benehmens und der nicht sehr tiefgehenden Unterhaltung erscheinen. Wer sich in Frankreich oder Italien in einem kleinen Badeort aufhielt, konnte sicher sein, immer abwechslungsreiche Gesellschaft

zu finden, zu welchen Kreisen er auch gehörte. In England war das nicht so; dort ist *bourgeois* gleichbedeutend mit Langeweile.
Andererseits langweilte man sich auch in den erlesensten Badegesellschaften des Kontinents, die inzwischen von einem Virus befallen waren, der so oft dem Gentleman auf dem Fuß folgt: dem Snobismus, allgegenwärtig in sämtlichen Schichten dieser so genau gestuften Gesellschaft. Jeder hat den brennenden Wunsch, eine Sprosse auf der Leiter des Ansehens zu steigen, was man dort über ihm tut nachzuahmen — der geringste Fehler des Verhaltens, ein falscher Gedanke stürzen ihn an den Fuß der Leiter hinab. Diese Langeweile und dieser Snobismus sind die Früchte der viktorianischen Ära, als ein unübersehbarer Mittelstand die Aristokratie zu imitieren suchte. England zu Zeiten Hogarths, Swifts oder Sheridans schäumte von unhaltbarer Lebenslust geradezu über, und die kaum gezügelten Karikaturen Rowlandsons zeigten leichtgeschürzte Jungfern, deftige Knechte und die unverschämtesten Moden. Mit dem Industriezeitalter schlug sich eine Rußschicht nieder auf die Parks, hielten Vorhänge das Tageslicht zurück, verteidigten Krinolinen die Tugend. Das Land überzog sich mit wohlanständigem Grau und verbarg unter Nebelschwaden Armut und Verbrechen. Der Adel allein überragte diesen *fog,* den Türmen seiner Schlösser gleich über den Bäumen seiner Parks. In diesen Türmen wurden, jenseits der Begriffswelt des Gentlemans, zwei Ideale aus jener Sicherheit, die man von Macht und Eleganz empfängt, geboren. Sie führen den Gentleman über sich selbst hinaus. Als Dandy einerseits verfeinerte er die Gesetze des für ihn Verbotenen, er übte das *understatement,* jene Kunst, weniger zu scheinen als zu sein, wo jeder genau weiß, wer man ist. Als Eccentric andererseits steigerte er eine der am Gentleman geduldeten Capricen bis zu irgendeiner Verrücktheit.

DER DANDY Das Modell des Dandys ist wesentlich leichter zu erreichen, wenn es auch unvergleichlich viel mehr Selbstzucht verlangt. In der Religion des Chics bedeutet die Überspanntheit des Eccentric den Zustand der Gnade, die Daseinsform des Dandys Frömmigkeit. Beide vereinigen sich in einem höheren Rang, wo die Unverschämtheit des Dandys seinen Snobismus übertrifft. Brummel ist hier zu erwähnen, untadelig und Hunger leidend in einer normannischen Pension, wo er in seinem leeren Zimmer die Namen ehemaliger Freunde ausrufen läßt: »Ihre Gnaden, die Herzogin von Devonshire, Seine Königliche Hoheit, der Prinz von Wales«, und jeden mit genau der rechten Beigabe von Achtung und Dünkel begrüßt. Die großen Dandies des Regency, Brummel und nach ihm D'Orsay, verdrehten den Schriftstellern des Kontinents wahrhaft den Kopf, sie inspirierten Balzac wie Heinrich Heine. Kalt, zynisch, unwiderstehlich und allen Verlockungen widerstehend, ist der Dandy eine Stahlklinge, getaucht in die Glut der Romantik. Zwei Generationen später, mit dem zukünftigen Edward VII., ist er nur noch ein Modeblatt. Der Dandy wird endgültig in die Gesellschaftsordnung eingegliedert, denn er liefert ein beispielhaftes, tadelloses Bild des Aristokraten. Mit Unterstützung eines guten Schneiders, einigen Kenntnissen von Visitenkarten und Pferden, einer leichten Hand, viel Geld für Dinge, die den Geschmack der *»happy few«* treffen, kann ein Angehöriger des Mittelstandes zum Dandy aufsteigen. Ein Punkt dabei ist allerdings besonders wichtig: vor allem nur keine Gedanken. Der Virus der Intelligenz untergräbt den schönsten Ruf. Wer Geist besitzt, sollte ihn dreist oder komisch, niemals jedoch gedankenschwer äußern. Ein Dandy darf mit dem Duft eines Pferdestalls, aber nie mit dem Geruch einer Bibliothek daherkommen. Zuviel Geist hat zwei der größten Dandylaufbahnen verdorben: Disraeli endete als Ministerpräsident, Oscar Wilde im Zuchthaus. In unserem Zeitalter der Nachlässigkeit wird Eleganz zu Überspanntheit, wie es der tadellos gekleidete britische Hofphotograph Cecil Beaton beweist.

Der Mangel an Hauspersonal bedroht ernstlich das Dasein und die Welt des Dandys. Gute Schneider lassen sich wohl immer finden, schon heute aber fehlt fast gänzlich der Kammerdiener, der jeden Morgen mit Andacht an seinem Herrn die Riten der Eleganz vollzieht, gleich jenem eigentlich stummen, aber unentbehrlichen Zeugen in einem Stück von Oscar Wilde:

LORD GORING: »Wissen Sie, Phipps, Mode ist, was man selber trägt, unelegant, was die andern tragen.«

PHIPPS: »Sehr wohl, my lord.«

LORD GORING: »Ebenso ist Vulgarität ganz einfach das Benehmen der andern.«

PHIPPS: »Sehr wohl, my lord.«

LORD GORING: »Die andern sind wirklich unausstehlich, die einzig mögliche Gesellschaft ist man eben selbst.«

PHIPPS: »Sehr wohl, my lord.«

Lord Goring ist das Beispiel eines Dandys auf dem besten Wege, Eccentric zu werden, der Kammerdiener ist der geistige Vater des bewundernswerten Jeeves, den P. G. Woodhouse erfand, um seinen Herrn, einen dummköpfigen und köstlichen Dandy, aus peinlichen Lagen zu befreien. War der Dandy der Romantik kalt und sportlich, so wurde der Typ des *fin de siècle* der schmachtende Dandy, der Salonlöwe. Er war Ästhet und nicht vom *turf.* Nach der heutigen Ansicht ist der Playboy, wie ihn Esquire und andere Zeitschriften darstellen, der Dandy unseres Zeitalters — zwischen ihm und seinen großen Vorgängern besteht jedoch der gleiche Unterschied wie zwischen der Café-Society und der Aristokratie. Dem Dandy zählt eine Frau weniger als eine gut gebundene Krawatte, für den Playboy ist sie sportliches Ziel. Der Engländer ist gleichgültig, der Amerikaner handelt. Die Namen der Dandies wechseln mit ihrer Mode: Macaroni oder Fops, später Lions oder Swells. Die exzentrischen Dandies dürfen Moden erfinden. Lord Spencer gab einer kurzen Jacke seinen Namen, Lord Raglan einem geradegeschnittenen Mantel, Lord Sandwich dem Sandwich; Lord Brougham erfand eine Karosserie. Mit diesen Mustern aristokratischer Dandies hat der Mythus des *milord* zum Ansehen Englands in der Welt beigetragen.

DER MILORD Auf dieser Insel, vor Eroberungsgelüsten weitgehend geschützt, wo Revolutionen höchst selten den Zusammenbruch eines Vermögens nach sich ziehen, entfalteten die führenden Familien Reichtum und politische Macht mit bemerkenswert gutem Gewissen. Alle Macht und Prachtentfaltung von Versailles fanden sie hier, verteilt jedoch auf ein rundes Hundert von *clans,* deren bescheiden Landhaus genannte Paläste uns heute in Schwindel versetzen. Inmitten einer als Natur verkleideten Landschaft stehen elisabethanische Schlösser, zinnengespickt im Stil Queen Anne's, mit griechischen Giebeln und klassischen Säulen geschmückt; sie füllten sich mit Schätzen, die man heimgebracht hatte von der großen Reise, die man sammelte mit Ausdauer und pflegte; Bildnisse der Vizekönige Indiens hängen neben Admirälen in rotem Rock und Erzbischöfen in weißem Meßgewand. Ein Prestige von solchem Gleichmaß über die Zeiten, wie patiniert durch klugen Gebrauch der Macht, beeindruckt tief den Bewohner des Kontinents, an politische Katastrophen wie Versailles und Schönbrunn gewöhnt. Wer diese voll von Gästen gesehen hat, mit Dutzenden von Bedienten überall, wird pessimistischer beim Anblick der Schloßherren, die sich in Aufseher verwandelt haben, um ihre Besitzungen für zwei Schillinge pro Kopf dem Publikum zu öffnen. Und mit Trauer im Herzen hörten im Jahre 1943 Snobs und Ästheten — jene zwei im Schatten des *milord* lebenden Species — dieser Pracht- und Machtentfaltung die Totenglocke läuten, als ein sozialistischer Minister den englischen Adel zur Parasitenklasse »lower than vermin« erklärte. Als Antwort entwarf die Right Honorable Nancy Mitford jenes geistreiche Pamphlet »Noblesse oblige«; und das Sprichwort: "A lord is always dear to an Englishman" bleibt trotz Wahlen und Beatles wahr.

Der *milord* machte bereits Ende des siebzehnten Jahrhunderts von sich reden, als er mit zahlreichem Gefolge seine große Reise kreuz und quer durch Europa unternahm und mit Kunstwerken, Büchern und zuweilen auch mit Ideen beladen nach England zurückkehrte. Zu Hause ließ er sich dann säulengeschmückte Wohnsitze bauen, in denen er den Rest seines Lebens verbrachte, umgeben von einem prachtvollen Hofstaat, der den Glanz des englischen Hofes übertraf. Ein Versailles ist unmöglich in einem Land, in dem die Herzöge von Devonshire und die von Portland ebenso reich sind wie die Krone, in dem zweihundert Peers durch königliche Gunst nichts mehr gewinnen können. Im Gegensatz zu dem an Kaiser oder König oder Papst geketteten Adel des Kontinents war der Lord der Vertreter einer wirklich freien Aristokratie. Für so viel Annehmlichkeiten muß man indessen zahlen — der Preis solch glanzvoller Freiheit war die Langeweile, der Spleen. Der *milord* besaß alle käuflichen Güter der Erde und obendrein zuweilen Schönheit und Geist — das ist zuviel. Die Zyniker unter den Lords begnügten sich, Ornamente der Gesellschaft zu sein und gaben sich ganz ihren Vergnügungen hin. Der berühmteste unter ihnen ist jener Lord Harvey, Vertrauter der Markgräfin Caroline von Ansbach, der

Pope zu der Bemerkung verführte: »Es gibt Männer, es gibt Frauen und es gibt Harveys.« Andere, aufgeschlossenere, ließen sich italienische Wohnsitze bauen, wie Lord Burlington, oder reisten, wie Lord Bristol — oder war es der Bischof dieser Stadt? —, dessen Sinn für Bequemlichkeit einen so wohltuenden Einfluß auf das Hotelwesen des Kontinents hatte. Diese Art Lords sind die Dandies der Baukunst; Andrea Palladio war zunächst ihr einziger Meister, dann suchten sie ihre Vorbilder in Griechenland und schließlich in der gotischen Architektur. Sie trieben die Ungehörigkeit so weit, schottische Schlösser in Nizza und griechische Tempel in Glasgow zu bauen; sie fanden Geschmack an falschen Ruinen, in denen sie falsche Einsiedler wohnen ließen, seit im Jahre 1760 Horace Walpole sein berühmt-berüchtigt gotisches Haus erbauen ließ. Eine Bemerkung dieses verfeinerten Kenners umschreibt exakt den Widerstreit zwischen dem Geschmack und der Laune: »Der griechische Tempel ist glorreich, offen verehre ich ihn, in einem ketzerischen Winkel meines Herzens jedoch bete ich die Gotik an.« Eine Generation später ließ William Beckford, jenes geniale Schoßkind, das Byron so sehr bewunderte, die riesige Abtei von Fonthill errichten, in der er ganz alleine inmitten seiner Meisterwerke lebte. Der *milord* ist wahrhaftig der Professor des englischen Geschmacks.

Die Rennen, die für das geistige Absinken der Aristokratie verantwortlich sind — und nicht nur in England —, vertreiben den Spleen. Nie waren die Wetteinsätze so hoch wie im Club Saint-James, und bei Brooke's werden heute noch Bücher mit den unsinnigsten Wetteintragungen gezeigt — einer der leichtesten Wege zur Exzentrizität. Ein weiteres Heilmittel gegen den Spleen: unschuldige Vergnügen, wie Jagen und Angeln, oder sehr viel weniger unschuldige, von denen man nicht sprach. Eines *milords* Neigungen der Neugier würden genügen, den gewöhnlichen Sterblichen ins Gefängnis zu bringen; war er klug, so ging er ihnen auf dem Kontinent nach. In der Epoche vor der Französischen Revolution besaß jede europäische Hauptstadt ihre Spezialität wie ein gutes Hotel; Tänzerinnen in Paris, die Castrati in Rom, Kurtisanen in Venedig, Knaben in Neapel. In dieser Epoche entstand die Vorstellung vom prunkliebenden Lord, dem kaltblütigen Verführer, dem Helden des *roman noir,* der *»Mystères de Paris«*. Lord Byron, diabolischer Dandy, wurde zu einem der großen Mythen der Romantik. Er fand recht unheimliche

Nachahmer wie jenen, der ständig einem Zirkus folgte in der Hoffnung, eines Tages den Dompteur von seinen Raubtieren verschlungen zu sehen, und jenen anderen, der keine öffentliche Hinrichtung ausließ. Mit dem Spleen wird der *milord* vom Dandy zum Eccentric, eine Entwicklung, zu der heute oftmals wirtschaftliche Schwierigkeiten zwingen. — In »Noblesse oblige« und »The Century of the common Peer« von Lord Kinross.

EIN SONDERBARER GESCHMACK Bereits gegen Ende des siebzehnten Jahrhunderts lebte einer der berüchtigsten Eccentrics, Lord Rochester, mit einem selbst für jene liederliche Epoche denkbar schlechten Leumund, zu dem die von ihm verfaßten anstößigen Komödien und seine von ihm selbst ausgeprahlten sonderbaren Ausschweifungen beitrugen. Charles II. warf man zuviel Nachsicht für Rochester vor, worauf er lediglich antwortete: »His nonsense is my nonsense.« Der Geschmack am Absurden ist typisch englisch. Er bringt ebenso die französische Vernunft wie die deutsche Weisheit aus der Fassung. Das Exzentrische ist oft die Poesie derer, die nicht zu schreiben geruhen. Hätte Lord Brian nicht geschrieben, wären ihm sicher alle seine Verrücktheiten vergeben worden. Rochester war Schriftsteller, sein schlechter Ruf stand somit fest; bekannter noch als seine Komödien sind die seinem Affen zugedachten Verse:

Kiss me, thou curious miniature of man
How odd thou art, how pretty, how japan.

Hier wird der Unterschied zwischen Dandy und Eccentric besonders deutlich. Der Dandy fürchtet alles Bizarre, der Eccentric fühlt sich, hierin gewissen weltmüden Ästheten gleich, zum außerordentlich Häßlichen hingezogen. Es ist etwas Schwarzes in der Seele vieler Engländer, das in bizarren Möbeln und Architekturen seinen Ausdruck findet. Kraft-Ebbing als Ästhet könnte hierüber eine psychopathia gustarum verfassen, in der alle Geschmacksrichtungen zusammengefaßt und mit Beispielen aus der besten Gesellschaft erläutert würden. So entdeckt in unseren Tagen der bewundernswerte, köstliche und unausstehliche Lord Windermere die Schönheit industrieller Bauwerke des vergangenen Jahrhunderts und begeistert sich für den Anblick eines Gasbehälters von 1880 oder eines Vorortbahnhofs von 1900, vor denen er Gedichte von John Betjeman rezitiert. Lord Windermere ist schon wirklich kurios. Ist man verwundert, ihn mit einem zänkischen alten Weib Konversation machen zu hören, so antwortet er in seinem etwas schleppenden Tonfall: »Ja, sie ist gräßlich, ich mag sie wirklich sehr gern.« Gibt er in seinem von Adam im reinsten Neoklassizismus gebauten und eingerichteten Schloß einen Empfang, so hält er mit perversem Vergnügen seine Gäste im maurischen Wintergarten zurück, den seine Großmutter angebaut hat. Darin mag auch eine gewisse Trauer um die Zeit Edwards VII. liegen, die letzten schönen Tage der englischen Lords, unter der plötzlich goldenen Sonne der Rothschilds.

Das Exzentrische verbindet sich so oft mit der Eigenart der meisten Engländer, jener starken Vorliebe für alles Vergangene. Einige sind wahre Pioniere dieser Sehnsucht nach der Vergangenheit, mitten unter uns leben sie in ihr, unbeirrt vom Komfort leugnen sie dreist jeglichen Fortschritt. Aus diesem Grunde haben Erinnerungen alter Damen einen so außerordentlichen Erfolg; dem Fremden mögen sie als albernes Geschwätz erscheinen, in Wirklichkeit sind es Seiten aus dem »livre d'or« der Eccentrics. Dazu eine der hundert Anekdoten aus dem Buche von Mrs. Hawfa Williams, »It was such a fun«:

»Eines Tages, als ich mich bei meinem Schwager, der einen gezähmten Tiger besaß, aufhielt, sah ich Lord Lonsdale zum ersten Male seine Fassung verlieren. In seiner Überzeugung, von allen Tieren heiß geliebt zu werden, ließ er den Tiger in sein Ruderboot einsteigen. König Edward und die Königin sahen vom Ufer aus zu. Er ruderte fleißig, ein Auge auf das Ruder, das andere auf seinen Bootsgast gerichtet. Plötzlich vernahmen wir ein Brummen, einen Schrei und Planschen: das Boot war gekentert, Lonsdale und der Tiger schwammen auf das Ufer zu. Man konnte das Raubtier gerade noch rechtzeitig einfangen; sein Charakter wurde jedoch so heikel, daß man es in einen Zoo geben mußte, wo ich es oft besuchte.« Lord Windermere mag diese Geschichte besonders, wie alle Erzählungen, die ihn in die »gute alte Zeit« vor dem Ersten Weltkriege zurückversetzen. Nicht selten spricht er von einem Freund, Lord Berners, einem ausgezeichneten Musiker, der niemals an jener Krankheit aller Demokratien litt, der Beschämtheit wegen eigenen Reichtums. Lord Berners gab sein Vermögen aus für Opern, für Ballettinszenierungen und für Teehäuser.

Da die Natur ihm zu bourgeoise und zu eintönig erschien, ließ er die vor seinem Schloß weidenden Kühe mit Phosphor anstreichen. Nachts bot diese Geisterherde einen recht erschreckenden Anblick. Die Tauben wechselten ebenfalls ihre Farbe: grün, blau und rosa ähnelten sie fliegendem Konfetti. Lord Windermere selbst wird zum Gegenstand der Legende, und seine Anzüge aus der Zeit König Edwards, seine Fächersammlung und Lackmalereien, zwölf Pekinesen und ein Rolls Royce, Baujahr 1913, würden noch ausreichen, einem Unbedeutenderen als ihm den Ruf eines Dandys zu gewinnen. Sein Vermögen hat er, dank eines der schönsten Verbrechen — in den Clubs geht es von Mund zu Mund —, vor dem Zusammenbruch bewahren können.

Schon als Schüler im Eton-College zog dieses kunstliebende Kind Nadelarbeiten den rauheren Ballspielen vor. Als Gardeoffizier verschönte er die Offiziersmesse mit bezaubernden Ruhekissen. Seine Laufbahn war ohne Tadel, im Krieg sogar heldenhaft, seine erste Ansprache im Oberhaus begann er jedoch mit den Worten »my dears« statt »my Peers«. Der einzige, der keinen Sinn für die Exzentrizität Lord Windermeres hatte, war sein eigener Vater, ein berühmter Jäger, der sein Leben im Sattel verbrachte und wie ein Stallknecht zu fluchen verstand. »Doch mit wieviel Eleganz«, pflegten die Damen der Grafschaft hinzuzufügen. Als der alte Lord sich anschickte, seinen Sohn zu enterben, stürzte er vom Pferd und war für den Rest seines Lebens ans Bett gefesselt. Treusorgend eilte der Sohn ans Krankenbett, nahm Stickrahmen und Seide hervor und begann, vielleicht mit etwas übertriebener Anmut, Blümchen zu sticken. In seiner unbeschreiblichen Wut, den letzten Sproß seiner Familie dieserart beschäftigt zu sehen, erlitt der alte Lord einen Gehirnschlag, der ihn vollkommen lähmte, bevor er noch einen Notar von seinen Enterbungsabsichten unterrichten konnte.

Allerdings, ein großes Vermögen ist die unumgängliche Voraussetzung für das Leben eines Eccentrics von Windermeres Klasse. Die Lords leben heutzutage von der Substanz und verkaufen von Zeit zu Zeit einen vormals von der großen Reise heimgebrachten Tizian oder Watteau. Selbst wenn schließlich die letzte Geldquelle versiegt, erlaubt der Snobismus, eine exzentrische Existenz fortzuführen: Die Bewunderung des gewöhnlichen Sterblichen verlängert die Kindheit mancher Lords bis ins hohe Alter, wie schon gesagt: »A lord is always dear to an Englishman.« Viele Eccentrics verachten jedoch die Welt zu sehr, um sie noch in Erstaunen versetzen zu wollen. Von Steuerschulden und Personalmangel fühlen sie sich hart bedroht wie bis tief in den Busch verfolgte Tierarten, Leierschwanzvögel oder schwarze Panther, und oft ziehen sie sich in die sterile Welt ihrer Sammlungen zurück, um sich vor dem Zugriff eines Jahrhunderts zu schützen, das ohne Zweifel ihr Ende sehen wird. Auch die Sammelleidenschaft ist eine Form der Sehnsucht nach dem Vergangenen, des Verlangens nach einer anderen Welt. Lord Windermere vereinigt in sich alle diese Gefühle, er sammelt japanische Lackkästchen, in Louis-XV-Bronzen gefaßt, von elisabethanischem Silber umrandetes chinesisches Porzellan, persische Miniaturen von Personen à la Louis XIV. Aber auch auf diesem Gebiet hat jeder den ihm gebührenden Platz zu kennen, und Lord Windermere zitiert gern ein Wort seiner Freundin, Lady Aberconway — sie besitzt das letzte Haus großen Stils in London und die schönsten Impressionisten —, das sie einem jungen Mann mittelmäßiger Herkunft zudachte, der viel altes Sèvres kaufte. »Junger Freund, Sie kaufen über Ihrem Stande.« Etwas vom Dandy bleibt den Kunstliebhabern; mit einer gewissen Nonchalance lassen sie zuweilen ein Meisterwerk unbeachtet und begeistern sich für einen wunderlichen Gegenstand. Sie bringen ein »quite nice« da hervor, wo ein Südländer »phantastisch« ausrufen würde. »Noch ein Van Dyck«, seufzte die Herzogin von Northumberland, als sie in ihrem Salon Tee reichte, »aber dieser Dürer ist amüsant, nicht wahr?«

DIE EXOTICS Langeweile und ihre Schwester, die Moral, haben viele geistig ungebundene Engländer von ihrer Insel vertrieben. Einige schlugen sich nach dem Beispiel Lord Byrons für edle Zwecke: Griechenland, Risorgimento, spanischer Krieg, Kreta; andere jagten dem Geheimnis nach wie Lord Henry Somerset den Spuren Kaspar Hausers. Viele gehen noch weiter und nehmen vollkommen Sitten und Sprache ihrer Schützlinge an, und dabei könnten sie gar nicht englischer sein als Colonel Lawrence, der unter den Arabern die Sage Lady Hester Stanhopes weiterführte. Langeweile und Großherzigkeit allein genügen nicht, um so viele exzentrische Biographien zu erklären, hier in der Exzentrizität geographischer Ferne. Gelegentlich macht sich ein gewisses Schuldgefühl bei den Kindern der gestern noch reichsten Nation der Welt bemerkbar. Sie wollen Leiden teilen, die ihnen nicht begegnen konnten, und ihre Jugend auch in einer Art heldenhaften Pfadfinderdaseins verlängern.

Einer der liebenswürdigsten Charakterzüge der Engländer ist das Geschick, sich den entlegensten Ländern anzupassen, ohne irgend etwas an ihren Gewohnheiten zu verändern. Zu Hunderten nehmen Engländerinnen an den Ufern des Arno oder Guadalquivir ihren Tee, zu Hunderten schneiden sie ihre Rosen in Marrakesch oder Colombo, ebenso unbeeindruckt von politischen Umständen wie von sprunghaftem Wechsel der Temperatur. Sie haben ganz einfach fern ihrer Heimatinsel einen ihrer Phantasie günstigen Himmelsstrich gefunden. Das unsichtbare England, mit dem sie sich umgeben, entschuldigt alle Torheiten. So hatte die große Reisende, Rose Macauly, die Gewohnheit, jeden Morgen eine Viertelstunde zu schwimmen. Hielt sie sich in London auf, so wählte sie den Teich des Hydeparks, wo die Erscheinung der siebzigjährigen, die Eisdecke zerschlagenden Najade nur gerade erstaunte Beachtung fand. Anders allerdings in Spanien oder der Türkei, wo die erregte Volksmenge, die sich anschickte, sie zu steinigen, gerade noch rechtzeitig ihres Autos Marke Austin gewahr wurde: »Ach so, eine Engländerin.«

Man darf den Spleen exzentrischer Reisender nicht mit den fruchtbringenden Unternehmungen englischer Kaufleute und Militärs verwechseln, die sich um untergehende Welten nur kümmerten, um sich dieser Gebiete zu bemächtigen. Seltsamer Kontrast zwischen der Selbstlosigkeit jener Eccentrics und der Habsucht dieser Erbauer eines Weltreiches. Das beste Bild des unbeirrbaren Globetrotters verdanken wir Jules Verne und seinem Buch »In 80 Tagen um die Welt«. Sein Phileas Fog ist der Don Quichotte des 19. Jahrhunderts, Passepartout sein Sancho Panza, die Eisenbahn seine Rosinante und die Stoppuhr sein Lebensideal. Abenteuer wiegen Adelsbriefe auf, sie sind Zeugen einer beneidenswerten Verachtung des Zufalls; die Engländerinnen, die schließlich glauben, Korfiotin oder Magrabinierin geworden zu sein, verdienen ebensoviel Hochachtung wie Phileas Fog. Die Eccentrics Irlands und die vom »keltischen Wahnsinn« befallenen Engländer sind hier natürlich ebenfalls zu erwähnen. Die irische Gesellschaft ist auf der ländlichen Stufe ihrer Entwicklung stehengeblieben, ihr gilt das Pferd mehr als der Motor, und die aus dem Industriezeitalter geborene Moralität blieb ihr erspart. Eine der bekanntesten exzentrischen Persönlichkeiten Irlands war Lady Wilde, die Mutter Oscar Wildes, die, wie sie sich ausdrückte, ihr Leben »hoch über den Giftschwaden des Gemeinplatzes« zubrachte. Ihre Absicht war, eine Gesellschaft zur Ermutigung des Lasters zu gründen, und auf ihre Empfehlung ging ihr Sohn als Märtyrer der Unabhängigkeit ins Gefängnis. Der Whisky hilft den Engländern, mit der Verrücktheit der Iren zu wetteifern und das Jahrhundert zwischen Dublin und London aufzuholen.

Der Alkohol ist denn auch das große Übel der oberen Gesellschaftsschicht, wo jeder trank, angefangen von den fettleibigen Gentlemen beim Punsch, wie sie Hogarth zeichnete, bis zur Lady Little Hampton des Cartoonisten Osbert Lancaster. Das Beispiel kommt von oben und berechtigt zum Sprichwort »drunk like a lord«. Viele Trinker gehören zu den sogenannten »voyageurs en chambre«, andere suchen im Alkohol über die aus der entsetzlichen College-Erziehung zurückgebliebenen Tabus hinwegzukommen oder Neigungen zu bekämpfen, die mit den Jahren mehr zu Besorgnis als zu Freuden Anlaß geben. Die meisten trinken aber, um gegen eine Mangelerscheinung innerhalb der englischen Gesellschaft anzugehen: den Mangel an Unterhaltung. Ein Säufer wird nicht als Eccentric angesehen; ein Dandy jedoch, der nach fünf Gläsern Whisky noch aufrecht geht, pflegt seinen Ruf als Dandy — oder seine Leber.

DIE CHARACTERS Die bisher angeführten Dandies und Eccentrics sind alle im *Debretts* verzeichnet. Phantasiebegabte Engländer aller Gesellschaftsschichten können jedoch zu Characters werden, wenn sie sich auf eine Grille, eine Mode oder Sammelleidenschaft versteifen. Der englische Adel konnte sich bislang alles erlauben, denn der Snobismus der anderen ermutigte ihn in seinem bizarren Übermut und nannte Exzentrizität, was auf dem Kontinent Zeichen geistiger Störung gewesen wäre. So wird bei den oberen Zehntausend jede Verschrobenheit zum Ausdruck einer originellen Persönlichkeit; eine hartnäckig verfolgte Grille kann jedoch die gesellschaftlichen Schranken aufheben. Natürlich ist nicht Character wer will, er bedarf der Zustimmung der sozial über ihm Stehenden. Der Character ist eine lebende Karikatur, die der Karikierte von sich selbst entwirft. Er

ist in öffentlichen Verkehrsmitteln und Parks an seiner sonderlichen Kopfbedeckung erkenntlich, an seinem extravaganten Spazierstock und seiner Haltung, die ihn von der Trägheit des gemeinen Mannes unterscheidet. Das Alltägliche läßt ihn genauso unberührt wie den Fakir sein Nagelbrett. »She is a character« ist die Krone auf dem Haarknoten der Putzfrau, die ihre Marotte mit schöner Geringschätzung der öffentlichen Meinung verfolgt. Der Nonsense überspielt die Schranken der Gesellschaft. Nicht selten findet der Character der »lower middle class« in der Mitgliedschaft bei einer der vor hundert Jahren so zahlreichen Sekten seinen Ausdruck, in der »middle class« riskiert er ein bißchen Phantasie. Bei Logan Pearsall Smith, einem Amerikaner, der sein ganzes Leben in England verbrachte, kann man folgende Beschreibung seiner Nachbarn lesen:
»Ach ja, wir haben recht interessante Leute, man muß sie kennengelernt haben. Die dicke, ganz in Lila gekleidete Mrs. Turnbull, die an die Hölle glaubt, tatsächlich, sie glaubt steif und fest an die ewigen Höllenqualen, und der alte Herr mit den weißen Gamaschen, Colonel Bosco, der davon überzeugt ist, daß England seinem Verderben zueilt. Die Dame mit dem knallroten Gesicht, mit der er gerade spricht, war nach eigenen Aussagen in ihrem Vorleben Maria Stuart. Was unseren Pfarrer angeht, auf den wir alle ganz stolz sind, so ist das ein großer Kricketspieler und außerdem eine Art Heiliger. Er soll doch tatsächlich letzten Winter um drei Uhr morgens in einen eiskalten Teich gesprungen sein, um seine fleischlichen Gelüste abzukühlen.«
Eine große Anzahl dieser Characters sind kleine Sammler oder Antiquitätenhändler — die englische Mittelklasse lebt oft durch die Vermittlung von Tausenden antiker Gegenstände aus der Epoche Queen Viktorias. Sentimentalität und eine rührige Industrie erlauben dem Liebhaber, sich mit unglaublichen Mengen von Nippfiguren und anderen Gegenständen zu umgeben, deren Bedeutung immer geheimnisvoller wird. Perlenbestickte Kißchen, Kohleneimer mit einer Ansicht des Windsorcastle, Nadelkissen, Tanzkarten, Souvenirs aus Brighton oder Hongkong, Silber- und Plüschrahmen mit imaginären Vorfahren und vergessenen »Royalties«, Wandschirme in Schleißarbeit, Flickmusterdecken, Porzellanhündchen und »cats of roses«, Briefbeschwerer aus Vesuvlava oder schottischem Granit, Hufe eines Pferdes, das beinahe am Derby teilgenommen hätte, und das Geweih eines

Hirsches, den fast der Prinz von Wales getötet hätte — alle diese Gegenstände, Beweisstücke vergangenen Reichtums, von Macht und Gemütsruhe, stapeln sich in winzigen Wohnungen. Trümmer aus Hunderten neugotischer Schlösser, Tausenden italienischer oder ländlicher Tudorvillen zieren die ungezählten Läden in Chelsea oder Kensington, die Antiquitätenmärkte der Portobello-Road und die Läden der Provinz, die mehr und mehr die »tea-shops« im Schatten der Kathedralen ersetzen.

Andere Characters leben in der Sehnsucht nach ihrer verlorenen Jugend. In den Londoner Straßen begegnet man seltsam gekleideten Damen, die nach vierzig Jahren plötzlich wieder auf die Mode ihrer Jugendjahre zurückkommen. In den »twenties« waren sie der Mittelpunkt, tanzten Charleston, trugen kniefreie Röcke und gaben ihre Namen neuen Cocktails (ihre Mütter tauften seinerzeit Rosen). Von ihnen sagt man auch, sie seien »firbankian«. Ronald Firbank ist auf dem Kontinent recht unbekannt geblieben, denn sein Nonsense ist unübersetzbar; man stelle sich den Geist und Witz eines Oscar Wilde im Rhythmus des Tiger Rag vor. In dieser Kategorie der Characters verfolgt jeder seine fixe Idee: seine Jugend oder die katholische Kirche, Knaben oder Negerinnen, Chic oder Seelenheil. Eine Versammlung solcher Characters — im Ritz, in einer Sakristei oder unter Kokospalmen — mag schon einen burlesken Eindruck hinterlassen. Sie alle wählen die Sprache ihres Schöpfers und Herrn, Ronald Firbank, dem Muster eines Eccentrics, der bei dem Widerstreit seiner Neigungen und seines Glaubens nur im Schauspiel englischer Überspanntheiten Zerstreuung findet. Hundertjährige Lesbierinnen, ein als Zigarettenmädchen verkleideter Kardinal, galante Gärtner und flatterhafte Mystiker — das letzte Feuerwerk des verrückten England.

Unter den heute Zwanzigjährigen gibt es ebenfalls Characters und Dandies, zum ersten Mal jedoch kommt die Mode aus den unteren Volksschichten, und es wäre unmöglich, die Jugend in Chelsea mit »ladies and gentlemen« anzureden, einmal weil die Unterscheidung zwischen den Geschlechtern schwierig geworden ist, zum andern weil die meisten unter ihnen wohl niemals zum einen oder zum anderen werden. Als einziges Unterscheidungsmerkmal zwischen Spreu und Weizen bleibt der Akzent. Lord Windermere, der wirklich nicht zimperlich ist, beunruhigte sich kürzlich über ein Jugendfest bei einer seiner Verwandten, daß so wenig Unterschied zwischen den Seinen und den anderen bestehe: »My dear, it is too bad, wie soll man denn da noch die Leute aus dem Volk aufregend finden, wenn wir wie sie sein wollen?« So war er denn gezwungen, die Cavendisch, Russel oder Guiness lediglich an der Form ihrer Nasen oder der Farbe ihrer Augen unter den mit Blue jeans bekleideten langhaarigen Tänzern herauszufinden. Den Beatles ist es gelungen, der Unterscheidung zwischen *U* und non *U* — upper und nicht upper —, auf die Right Honorable Nancy Mitford so viel Wert legte, einen wesentlich gefährlicheren Schlag zu versetzen, als es einer sozialistischen Mehrheit möglich war. Vielleicht entdecken wir aber in vierzig Jahren in unserer Mitte auf Krücken gestützte Greise in Blue jeans und Pop-Regenmänteln: Ihrerseits rücken sie dann in die Klasse der Characters auf, um endlich ernst genommen zu werden.

DIE ÄSTHETEN Die Reaktion des Lord Windermere ist die eines Ästheten. Der Ästhet muß ein wenig Dandy und darf sehr exzentrisch sein. Die Leidenschaft für das Schöne ist sehr englisch; man pflegt sie als Betrachter oder als Sammler, ohne sich dabei wie die Franzosen mit Literatur oder die Deutschen mit Wissen zu belasten. Der Anblick einer Zeichnung von Raffael, eine chinesische Vase, ein hübsches Profil oder eine Pfingstrose eröffnen ebenso viele Möglichkeiten der Ekstase, des köstlichen Beschauens. »Too beautiful... quite divine...« Diese beiden Adjektive waren zum erstenmal vor etwa hundert Jahren in den Kreuzgängen Oxfords zu hören; seither bezeichneten sie die außerordentlichsten Schöpfungen in allen Erdteilen, wo sich Ästheten fanden, die sie bewunderten. Professoren und junge Damen, Lords und Studenten vergessen für einen Augenblick alle gesellschaftlichen Schranken, um gemeinsam das Schöne anzubeten. Diese Andacht nimmt manchmal die seltsamsten Formen an, und der Prozeß Oscar Wildes, des Fürsten unter den Ästheten — jedoch nicht Gentleman und weniger Dandy, als er selbst glauben mochte —, gab diesem Wort einen etwas zweideutigen Klang. Der Eccentric trotzt allen Moralbegriffen, der Dandy hat seine eigene Moral, die Mode, der Ästhet kennt keine Moral. Sein schlechter Ruf ist demnach stark übertrieben; er läßt sich von der Prachtentfaltung der katholischen Kirche weit eher verführen als von

den Verlockungen verbotener Wonnen, wobei das eine das andere nicht ausschließt.
In diesem Zusammenhang sei an Lord Tradegar erinnert, päpstlicher Kämmerer, der exotische Tänzer mit Schmuckstücken seiner Familie zierte und sie als ex voto einer von Worth angekleideten Madonna darbot. »Poiret wäre wirklich zu frivol gewesen«, fügte er als Mann von Geschmack hinzu, dem Ausspruch Lord Windermeres getreu: "Sodomy is less the sin of the upper classes than the hobby of the lower classes." Gewiß, Unterschiede der Sekten, sogar der gesellschaftlichen Stellung gelten nicht viel beim Anblick eines Gesichtes, das an die Modelle Botticellis erinnert. Es darf jedoch nicht vergessen werden, daß der ungünstigste Eindruck, der beim Prozeß Oscar Wildes den Ausschlag gab, nicht seine Leidenschaft für Lord Alfred war, sondern die Tatsache, daß er Dienstpersonal in bekannte Restaurants einlud. Gesellschaftliche Tabus sind weit gefährlicher als sexuelle. Diese ständige Suche nach dem Schönen ermöglicht es den Engländern, die schönsten Blumen zu haben, die schönsten Hunde und meist auch die schönsten Kinder.
In unseren Tagen sollten die Ästheten die Eccentrics ablösen, um England davor zu bewahren, ein riesiges Skandinavien zu werden. Ein Ästhet hat keinen Anspruch auf Reichtum, er darf jedoch vernünftig, und er muß gebildet sein. Leider aber begnügt er sich mit einer rein betrachtenden Haltung, ihm fehlt die Kraft, den Kampf gegen die kapitalistische Vulgarität oder die demokratische Langeweile aufzunehmen, wovon die erstere, des Gewinns einiger Millionen wegen, mit mittelmäßigen Wolkenkratzern mehr Schaden in London anrichtet als alle Bombenabwürfe während des letzten Krieges und die zweite unter einem komfortablen Proletariat das seltsame Genie des Landes erstickt.
Trotzdem gab es auch heldenhafte Ästheten, zugleich Dandies und Eccentrics, wie das fabelhafte Trio der Sitwells: Dame Edith, ihr Bruder Sir Osborn und Sacheverell, der Jüngste. Sie wuchsen in zwei riesigen Schlössern, eines in Yorkshire, das andere in der Toskana, unter der Obhut eines Vaters auf, der einzig für das Mittelalter Interesse aufbrachte, denn zu jener Zeit hatte sich seine Familie besonders ausgezeichnet. Die Sitwells wollten ihrerseits einen Kreuzzug für die zeitgenössische Kunst anführen. Mit einem Turban auf dem Kopf und in Umhänge und Schals gehüllt, nahm Edith, die Dichterin, den Kampf mit der öffentlichen Meinung der Twenties auf und schlug sich, von ihren

wahrhaft ritterlichen Brüdern unterstützt, für Picasso und Strawinsky. Ihre Haltung rief den Unwillen der übrigen Gesellschaft hervor, denn der kapitalistisch gewordene Adel hat die gleichen hergebrachten Ansichten wie der bürgerliche Mittelstand; das Volk antwortet mit Beleidigungen. Noch nach Jahren, in denen die Politik des Landes das soziale Bewußtsein anstelle des künstlerischen förderte, rufen die Sitwells die Erinnerung an Don Quichotte wach. Später besangen sie verlassene Schlösser, alte Gärten, die nun der Allgemeinheit zugänglich geworden sind, vergessene Feste und vergangene Moden, Erinnerungen, die Edith Sitwell als Nymphen besingt: "The nymphs are dead like great summer roses." Sie verteidigen mit dem gleichen Mut das, was war, und das, was sein sollte.

Don Quichotte wurde schon einmal im Zusammenhang mit den exzentrischen Reisenden erwähnt; der Vergleich gilt auch für die Ästheten, die Englands Schönheit erhalten wollen, für die Characters, die ihren Hirngespinsten in einer immer konventionelleren Welt nachjagen, für den Dandy, der sein Vergnügen einem Modeideal opfert. Lebenserinnerungen und von den *milords* zurückgelassene Möbel sind die Romane, aus denen sie ihre Eingebungen schöpfen. Sie kämpfen gegen Windmühlen, die immer stärker sein werden, denn ihre Flügel sind die Zahnräder der heutigen Gesellschaft. In ihrem Wahnsinn erlangen sie jedoch eine Eleganz, die den dickleibigen Lords des 18. Jahrhunderts und den gediegenen Gentlemen der viktorianischen Epoche nicht immer gegeben war. Ein Wort noch von Edith Sitwell aus ihrem Buch »The English Eccentric«: »Gehen wir im Forschen nach Heilmitteln gegen unsere Melancholie noch weiter und suchen wir in der Staubschicht unserer Erinnerungen eine dem Tode vergleichbare starre oder stolze aufbegehrende Haltung, eine über die allgemeine Lebensauffassung hinausgehende übertriebene Einstellung. Mag diese Haltung, starr oder aufbegehrend, von kraftlosen, resignierten Zuschauern gemeinhin als exzentrisch beurteilt werden, der Schatten dieser mumiengleichen Außenseiter übertrifft ihr wirkliches Ausmaß, und aus ihren Überspanntheiten erhebt sich ein Gelächter über der Asche.«

Erstes Kapitel Ankunft in Albion

Erstes Kapitel Ankunft in Albion

Nach einer schlimmen Überfahrt landeten wir am 2. Januar 1784 in Dover. Wegen ungünstigen Wetters hatten wir in Calais zwei Tage warten müssen, und als das Schiff endlich absegelte, begann eine der turbulentesten Seereisen, die man sich überhaupt denken kann. Zwölf volle Stunden warfen uns die Wogen hin und her, so daß ich fürchterlich seekrank wurde. Es ist unbeschreiblich, mit welcher Gewalt einen dieses Übel packt: jeden Augenblick glaubt man, sterben zu müssen, und es gibt nichts, was einem Linderung verschaffen könnte. Wie glücklich sind doch jene zu preisen, denen das Meer keinen Tribut abfordert!

François Armand Frédéric Duc de la Rochefoucauld: Verschiedenes über England. 1784

Die Bewegung des Schiffes war unerträglich; alles wurde krank, nur nicht ein großer, dicker Engländer mit pechschwarzen, buschigen Augenbrauen, der fürchterlich schnarchte. Die englischen Damen ächzten und schrien in grellen, schneidenden Tönen nach dem Steward, der ihnen eine hilfreiche Hand leisten sollte.
Alle Augenblicke kamen totenbleiche Gestalten vom Verdeck in die Kajüte und warfen sich stöhnend auf den Boden. Die Luft war kaum mehr Luft zu nennen.
Wenn wir die Augen aufschlugen und den grünen Fußboden der Kajüte langsam in die Höhe steigen und dann ebenso langsam wieder sinken sahen, ergriff uns ein Schwindel, ein schmerzender Krampf in der Brust, der sich mit keiner anderen Empfindung vergleichen läßt.

Johanna Schopenhauer: Reise durch England und Schottland. 1803

Als wir uns der englischen Küste näherten, war es bereits stockdunkel. Das Postschiff konnte deshalb nicht in den Hafen einfahren, und bei dem Seegang war es durchaus kein Vergnügen, in das Beiboot überzusteigen. Es gab kein Fallreep und keine Strickleiter. Man mußte abwarten, bis die Nußschale von einer Welle so hoch gehoben wurde, daß man sich in die Arme des darin wartenden Matrosen werfen konnte. Ich machte das sehr geschickt. Die Landung war der unangenehmste Teil der Fahrt, denn als das Boot auf den Strand auflief, schlug die Brandung über unseren Köpfen zusammen. Im Gasthaus von Dover gab mir die alte Wirtin sogleich ein Glas Kognak und brachte mich zu Bett.

Dorothea Fürstin Lieven: Briefe an den Fürsten Metternich. 1823

In Dover bekam ich sogleich jene Atmosphäre des Wohlstandes zu spüren, welche dieses Land auszeichnet. Die Leute, denen ich begegnete, selbst Bauern und Dienstmägde, waren durchweg gut gekleidet und bemerkenswert sauber. In den Wohnhäusern und sogar in unserem Gasthof waren alle Möbel aus Mahagoniholz, und ich sah viele von den Tischen, die drüben in Frankreich so teuer sind. In den Straßen rollten etliche Ackerwagen an mir vorbei, die von so blanken, gut gezäumten Pferden gezogen wurden, wie es sich unsere Bauern niemals würden leisten können. All das entzückte mich auf den ersten Blick, und ich fühlte mich in eine andere Welt versetzt.

François Armand Frédéric Duc de la Rochefoucauld: Verschiedenes über England. 1784

Was für ein Land! Überall saftige Wiesen mit großen Viehherden; überall die schönsten Dörfer, wo junge, reinlich gekleidete Mädchen mit fliegenden Haaren und offener Brust stehen und in niedlichen Körben Blumen verkaufen; überall die reizendsten, mit Parks und Teichen umgebenen Landsitze und, so weit das Auge reicht, Wagen, Kaleschen und Reiter, die aus London kommen oder dorthin eilen...

Nikolai Karamzin: Briefe eines reisenden Russen. 1790

Der Reichtum Englands und die dortigen Begriffe von Bequemlichkeit bringen es mit sich, daß selbst Menschen der niedrigsten Volksklassen niemals zu Fuß reisen. Es gibt daher eine ungeheure Vielzahl von Postkutschen und anderen Reisemaschinen, die jede Woche zu Hunderten von und nach London rollen.

Johann Wilhelm von Archenholtz: England und Italien. 1787

Es gibt *nichts Isoliertes* in England. Alles hängt aneinander; alles greift ineinander; alles verbindet sich, vermählt sich, verschmilzt sich — ich habe gar keine adäquaten Worte, um Ihnen diese *Ganzheit,* dieses bewunderungswürdige Ensemble, auszudrücken.

Friedrich von Gentz: Briefe. 1802

In der Mitte der Straße rollt Chaise hinter Chaise, Wagen hinter Wagen und Karren hinter Karren. Durch dieses Getöse und das Sumsen und Geräusch von Tausenden von Zungen und Füßen hören Sie das Geläute von Kirchtürmen, die Glocken der Postbedienten, die Orgeln, Geigen, Leiern und Tambourine englischer Savoyarden und das Heulen derer, die an den Ecken der Gasse unter freiem Himmel Kaltes und Warmes feilhalten. Auf einmal ruft einer, dem man sein Schnupftuch genommen: *stop thief*, und alles rennt und drückt und drängt, viele, nicht um den Dieb zu haschen, sondern um selbst vielleicht eine Uhr oder einen Geldbeutel zu erwischen.
Ehe Sie es sich versehen, nimmt Sie ein schönes, niedlich gekleidetes Mädchen bei der Hand: *come, My Lord, come along, let us drink a Glass together, or I'll go with You if You please;* dann passiert ein Unglück 40 Schritte vor Ihnen; *God bless me* rufen einige, *poor creature* ein anderer; da stockt's, und alle Taschen müssen bewahrt werden. Alles scheint

Anteil an dem Unglück des Elenden zu nehmen; auf einmal lachen alle wieder, weil einer sich aus Versehen in die Gosse gelegt hat; *look there, damn me*, sagt ein Dritter, und dann geht der Zug weiter …

Wo es breiter wird, da läuft alles; niemand sieht aus, als wenn er spazierenginge oder observierte, sondern jeder scheint zu einem Sterbenden gerufen zu sein.

Das ist *Cheapside* und *Fleetstreet* an einem Dezemberabend …

Georg Christoph Lichtenberg: Briefe aus England. 1775

Diese geheime Übereinstimmung des ganzen Lebens und Webens in England, das uns beim ersten Anblick nur ein Schauplatz der Verwirrung und der Widersprüche dünken will!

Überreichtum und Misere, Orthodoxie und Unglauben, Freiheit und Knechtschaft, Grausamkeit und Milde, Ehrlichkeit und Gaunerei, diese Gegensätze in ihren tollsten Extremen, darüber der graue Nebelhimmel, von allen Seiten summende Maschinen, Zahlen, Gaslichter, Schornsteine, Zeitungen, Porterkrüge, geschlossene Mäuler, alles dieses hängt so zusammen, daß wir uns keines ohne das andere denken können, und was vereinzelt unser Erstaunen oder Lachen erregen würde, erscheint uns als ganz gewöhnlich und ernsthaft in seiner Vereinigung.

Heinrich Heine: Englische Fragmente. 1828

Ich habe das Merkwürdigste gesehen, was die Welt dem staunenden Geiste zeigen kann, ich habe es gesehen und staune noch immer — noch immer starrt in meinem Gedächtnis dieser steinerne Wald von Häusern und dazwischen der drängende Strom lebendiger Menschengesichter mit all ihren bunten Leidenschaften, mit all ihrer grauenhaften Hast der Liebe, des Hungers und des Hasses — ich spreche von London.

Schickt einen Philosophen nach London, beileibe keinen Poeten! Schickt einen Philosophen hin und stellt ihn an eine Ecke von Cheapside, er wird hier mehr lernen als aus allen Büchern der letzten Leipziger Messe; und wie die Menschenwogen ihn umrauschen, so wird auch ein Meer von neuen Gedanken vor ihm aufsteigen.

Aber schickt keinen Poeten nach London! Dieser bare Ernst der Dinge, diese kolossale Einförmigkeit, diese maschinenhafte Bewegung, diese Verdrießlichkeit der Freude selbst, dieses übertriebene London erdrückt die Phantasie und zerreißt das Herz.

Und wolltet ihr gar einen deutschen Poeten hinschicken, einen Träumer, der vor jeder einzelnen Erscheinung stehenbleibt, etwa vor einem zerlumpten Bettelweib oder einem blanken Goldschmiedladen — oh! dann geht es ihm erst recht schlimm, und er wird von allen Seiten fortgeschoben oder gar mit einem milden *God damn!* niedergestoßen.

Heinrich Heine: Englische Fragmente. 1828

Als ich heute in die City ritt, kam ich einmal so ins Gedränge, daß ich notgedrungen auf das Trottoir ausweichen mußte. Hierdurch fand der englische Pöbel seine Rechte verletzt. Einige schlugen auf mein Pferd ein, und ein ungeheurer Koloß von Karrenschieber forderte mich mit geballter Faust zu einem Boxkampf auf. Dazu verspürte ich aber, trotz einiger Boxstunden, die ich bereits absolviert habe, gar keine Lust und benützte eiligst eine Lücke, um mich davonzumachen.
Das tägliche Gewühl in der City und die Teilnahmslosigkeit der finsteren, rastlos an einem vorbeistreifenden Gesichter bieten einen höchst tristen Anblick.
Jede Unaufmerksamkeit aber bringt Gefahren für Reiter und Vehikel mit sich.

Hermann Fürst zu Pückler-Muskau: Briefe eines Verstorbenen. 1828

Abgesehen von dem Etablissement der Miß Humphrey, wo Gillray's Karikaturen verkauft werden, stecken alle Londoner Kupferstich-Läden voll zweideutiger Scherze und niedrigster Unfläterei.

Böttiger: London und Paris. 1801

Wenn ich in den Straßen Londons umherstreife, betrachte ich auch die Zerrbilder, welche an den Kupferstich-Läden ausgehängt sind, und ich wundere mich immer wieder über diese Liebhaberei der Engländer.
Während man in Frankreich auf alles ein Chanson dichtet, quittiert man in England jede Merkwürdigkeit mit einer Karikatur.

Nikolai Karamzin: Briefe eines reisenden Russen. 1790

Bei einem nächtlichen Spazierritt durch London sah ich einen etwa achtjährigen Knaben, der ganz allein in einem kleinen Wagen saß, vor den ein großer Hund gespannt war. Im Trab rollte er an den Postkutschen und Equipagen vorbei. Dergleichen findet man gewiß nur in England, wo Kinder schon im achten Jahr selbständig und im zwölften gehängt werden.

Hermann Fürst zu Pückler-Muskau: Briefe eines Verstorbenen. 1827

Vorgestern hörte ich, daß auf dem Markt zu Smithfield ein Mann seine Frau verkaufen würde. Meine englischen Freunde, denen ich davon berichtete, meinten ungläubig, dieser barbarische Brauch, sein Eheweib wie einen Karrengaul zu verhökern, sei ja längst abgeschafft. Als ich mich aber heute auf dem Smithfield-Markt einfand, wurde ich eines Besseren belehrt, denn mit eigenen Augen sah ich einen Seemann, der an einem langen Seil seine Frau hinter sich herzerrte und sie für drei Schillinge versteigerte.
Der Kerl, der sie erwarb, versicherte im Kaufkontrakt, für ihre Nahrung und Kleidung zu sorgen. Und dann begaben sich der alte und der neue Besitzer des Weibes in eine Taverne, um bei Gin und Bier den Handel zu besiegeln.

Madame de Avot: Briefe über England oder zwei Jahre in London. 1818

Wenn John Bull seine Taschen voll Guineen hat und ein Mann geworden ist, der warm sitzt, kümmert es ihn keinen Pfifferling, ob sein Großvater ein Herzog war oder ein Karrenschieber.

Heinrich Heine: John Bull. 1827

In der Londoner Regent-Street begegnet man steinreichen Barbaren, die sich zwar ausgezeichnet auf die Konstruktion von Dampfmaschinen und Gesetzesparagraphen verstehen, ansonsten aber nur für die trübe Melancholie gotischer Gebäude empfänglich sind — oder, was auf dasselbe hinausläuft, für jenen Monolog schwärmen, den Hamlet spricht, während er Yoricks Schädel in der Hand hält.

Marie-Henri Beyle (Stendhal): Spaziergang durch Rom. 1829

In der Nähe des Buckingham-Palastes bot sich mir im Gebüsch zu meiner Linken ein unanständiger Anblick, der mich verblüffte. Vier oder fünf Personen verrichteten dort ihre Notdurft und kehrten dabei den Spaziergängern den Hintern zu.

»Das ist doch sittenwidrig«, sagte ich zu Martinelli. »Diese Schweine sollten uns wenigstens ihr Gesicht zuwenden.«

»O nein, dann würde man sie ja erkennen und bestimmt genauer ansehen. Durch den Anblick ihres Hinterteils zwingen sie uns jedoch, die Augen abzuwenden — es sei denn, wir wären am Betrachten dieses Körperteils besonders interessiert.«

»Ich muß Ihnen beistimmen, mein Freund. Aber Sie werden mir verzeihen, wenn ich mich als Fremder darüber wundere.«

»Gewiß haben Sie auch schon bemerkt, daß ein Engländer, der auf der Straße sein Wasser abschlagen muß, dies nicht wie wir in einem Toreingang, unter Bäumen oder im Hof eines Hauses tut.«

»Ja, das habe ich bereits beobachtet. Sie wenden sich dem Fahrdamm zu und lassen dann ihr Wasser ab. Alle Vorüberfahrenden sehen es, und das finde ich nicht schicklich.«

»Wer zwingt denn die Leute, die in den Kutschen sitzen, hinzuschauen?«

Giacomo Casanova, Chevalier de Seingalt: Geschichte meines Lebens. 1763

Die Trottoirs, die man in London eigens für Fußgänger angelegt hat, lassen mich spüren, wie sehr hier das Volk geachtet wird.

Jean-Jacques Rousseau: »European Magazine«, 1791. 1766

Nirgends widmet man den öffentlichen Einrichtungen, die das Leben aller Bürger bequemer gestalten können, mehr Aufmerksamkeit als in Großbritannien.

Carlo Castone Rezzonico: Tagebuch der Englandreise in den Jahren 1787–1788

Die detaillierte Beschreibung des Frühstücks am heutigen Morgen wird Dir am besten eine Vorstellung von dem komfortablen Leben und den Ansprüchen hiesiger Reisender geben.
Als ich im Gasthof dieses kleinen Städtchens, das kaum den Umfang eines Dorfes hat, aus dem Schlafzimmer hinunterkam, dampfte in der Mitte des Tisches eine große Teemaschine, zierlich umstellt von silberner Teekanne, Spülnapf und Milchtopf. Drei kleine Wedgewood-Teller mit

ebensoviel Messern und Gabeln harrten ihrer Füllung. Daneben stand einladend ein Teller mit gekochten Eiern, einer mit gerösteten *oreilles de cochon à la sainte-Menéhould,* eine durch heißes Wasser erwärmte Schüssel mit Semmeln, eine andere mit kaltem Schinken, dazu flockiges Weißbrot, *dry-and buttered toast,* die beste frische Butter in elegantem Kristallgefäß, bequeme Streubüchsen mit Salz und Pfeffer, englischer Senf und *moutarde de maille* und endlich eine silberne Teeschachtel mit sehr gutem grünen und schwarzen Tee.

Hermann Fürst zu Pückler-Muskau: Briefe eines Verstorbenen. 1826

Selbst in den kleinsten Orten sind englische Gasthöfe sorgfältig gehalten. Immer sind darin Reinlichkeit, große Bequemlichkeit und sogar Eleganz vorhanden, und man mutet dem Fremden nie zu, in demselben Zimmer zu essen, zu wohnen und zu schlafen, wie das in den deutschen Gasthäusern, wo es eigentlich nur Tanzsäle und Schlafstuben gibt, der Fall ist.

Hermann Fürst zu Pückler-Muskau: Briefe eines Verstorbenen. 1826

Weil man mich zu Fuß ankommen sah, wurde mir im Gasthof ein wenig standesgemäßer Empfang zuteil. Ich erhielt ein schlechtes Bett, und nur mit knapper Not gelang es mir, dafür ein weißes Laken zu bekommen.
Meine heftigen Klagen bewirkten aber, daß man mich am nächsten Morgen wie einen Gentleman traktierte und deshalb auch mit einer ansehnlichen Rechnung bedachte.

Henri Benjamin de Constant-Rebecque: Das rote Heft. 1787

Britische Gasthöfe sind von beständigem Lärm und Tumult erfüllt. Türen werden aufgerissen oder fallen polternd ins Schloß, es klingelt an allen Ecken, schrille Rufe nach dem Kellner ertönen, der Schuhputzer läuft hierhin, der Barbier mit der Puderdose dorthin, und sein Gehilfe stiebt mit heißem Wasser und Rasiermessern die Treppe empor. Der einzige Trost für den geplagten Reisenden ist, daß ihm die englischen Gastwirte nicht auch noch Geld für diesen reichhaltigen Ohrenschmaus abverlangen.

Don Manuel Alvarez Espriella: Briefe aus England. 1807

Die englischen Gasthöfe sind sehr lobenswert. Zimmer, Betten, Bedienung und Reinlichkeit übertreffen alles, was man in anderen Ländern in dieser Hinsicht antrifft.
Allein das Bett! Die schönsten Matratzen, die feinsten Bettücher, elegante Vorhänge und ein hübscher kleiner Teppich davor. Nie fehlen auch eine feine, weiße Nachtmütze und ein Paar Pantoffeln, deren sich reisende Engländer, die immer wenig Gepäck mit sich führen, ohne alle Scheu bedienen. Wenn die Kutsche vor dem Gasthof eintrifft, hilft der Wirt den Reisenden beim Aussteigen.
In der Tür steht die Wirtin, die mit dem freundlichsten Gesicht der Welt ein halbes Dutzend Mal hintereinander knickst. Sie bemächtigt sich sogleich der reisenden Damen, führt sie in ein besonderes Zimmer und sorgt auf alle Weise für ihre Bequemlichkeit, während ihr Mann bei den Herren die Honneurs macht.

Die Aufwärter (Waiters) scheinen Flügel zu haben, so schnell kommen sie auf jeden Klingelzug. Denn in allen Zimmern hängen gute Klingeln, welche der reisende Engländer denn auch nach Herzenslust betätigt. Eine sehr wichtige Person im Gasthof ist der Stiefelwichser, der Pfiffigste und Gescheiteste vom ganzen Personal. Er wird

schlicht »Boots« genannt und besorgt gewissermaßen die auswärtigen Angelegenheiten, indem er Botschaften übermittelt, die Fremden herumführt und über alles Rede und Antwort steht. Unentwegt schallt in einem ganz eigentümlichen, hellklingenden Fistelton der Ruf »Boots!« durchs Haus, und immer ist er sogleich zur Stelle. Abends, beim Zubettgehen, wird jedesmal die Stubenmagd gerufen. Sie erscheint in einem feinen Kattunkleid und trägt auf dem Kopfe ein artiges Spitzenhäubchen.
Ihr Amt ist es, die Fremden beiderlei Geschlechts ins Schlafzimmer zu geleiten, ihnen den Nachttischleuchter zu entzünden und darauf zu achten, daß es ihnen an keiner Bequemlichkeit mangelt.

Johanna Schopenhauer: Reise durch England und Schottland. 1803

Zweites Kapitel My home is my castle

Wie steifleinen, wie hausbacken, wie selbstsüchtig, wie eng, wie englisch! Ein Land, welches längst der Ozean verschluckt hätte, wenn er nicht befürchtete, daß es ihm Übelkeit im Magen verursachen möchte ...

Heinrich Heine: Shakespeares Mädchen und Frauen. 1838

Mir scheint, daß nichts die Phantasie so sehr zu lähmen vermag wie dieses Land — das unpoetischste der Welt.

Dorothea Fürstin Lieven: Briefe an Fürst Metternich. 1823

Glückseliges Albion! Lustiges Alt-England! Warum verließ ich dich? — Um die Gesellschaft von Gentlemen zu fliehen und unter Lumpengesindel der einzige zu sein, der mit Bewußtsein lebt und handelt?

Willibald Alexis: Die ehrlichen Leute. 1830

Im Kreise seiner Angehörigen sucht der Engländer jenes Seelenbehagen, das ihm schon durch seine angeborene gesellschaftliche Unbeholfenheit außer dem Hause versagt ist.

Heinrich Heine: Englische Fragmente. 1828

Die Insulaner verstehen sich zwar nicht auf's Kaffeekochen, sind dafür aber sehr eigensinnige Teetrinker. Man hat berechnet, daß in Großbritannien weit mehr Tee als im ganzen übrigen Europa zusammen getrunken wird. Viele tausend arme Menschen leben hier die ganze Woche hindurch von nichts anderem als Tee und Butterbrot. Allein, auch sie geben sich nur mit gutem Tee zufrieden. So schwach und von so schlechter Art, wie man ihn gewöhnlich bei uns trinkt, würden sie ihn nicht anrühren.

Johann Wilhelm von Archenholtz: England und Italien. 1787

Überall in England wird zweimal am Tag Tee getrunken. Obwohl diese Angewohnheit recht kostspielig ist, würde selbst der ärmste Bauer niemals darauf verzichten wollen. Und trotz des vielen Geldes, das man obendrein für Zucker oder Sirup zahlen muß, begnügt sich kein Mensch mit ungesüßtem Tee. Die Wohlhabenden pflegen mit kostbaren Teekesseln, Kannen und Tassen zu prunken.

François Armand Frédéric Duc de la Rochefoucauld: Verschiedenes über England. 1784

Eines Abends gab meine Zimmerwirtin ihren Freundinnen ein kleines Fest, zu dem ich auch geladen wurde. Als ich in das Zimmer trat, war die erste Frage, ob ich lieber Punsch oder Rum trinken wolle. Ich wählte den Punsch und wunderte mich nicht wenig darüber, wie vertraut diese Frauenzimmer mit dem Rum waren. Sie tranken ihn in großen Schlücken und prosteten einander immer wieder zu.

Friedrich Wilhelm von Schütz: Briefe über London. 1792

Gibt es auf der Welt irgend etwas, das ebenso langweilig ist wie ein Sonntag in England? Ich vermag nicht genau zu sagen, wem seine Trostlosigkeit letzten Endes zu verdanken ist — einem Gebot der Kirche oder einem Beschluß des Parlaments. Vermutlich hat beides dazu beigetragen, denn Politik und Religion sind so eng miteinander verknüpft, daß sich alles, was mit dem einen zu tun hat, auch auf das andere auswirkt.

Es steht jedenfalls fest, daß hier am Sonntag schlechterdings alles, was Vergnügen bereitet, verboten ist. Man darf weder singen, noch auf einem Musikinstrument spielen oder gar tanzen. Auch ist jede Art von Kartenspiel verpönt, und die niedrigen Klassen dürfen sich nicht an den bei ihnen so beliebten Ballspielen ergötzen. Es gibt in England Leute, die es bei der Befolgung dieser wunderlichen Verordnung so weit treiben, daß sie am Sonntag jeden geselligen Umgang mit ihren Bekannten und Freunden einstellen, sich nur zu Hause aufhalten und von früh bis spät in der Bibel lesen.

Wer gegen das Gebot verstößt, muß mit harten Geldstrafen oder Gefängnis rechnen. Doch damit nicht genug: Jeder, der einen solchen Sonntagssünder auf frischer Tat ertappt und der Obrigkeit meldet, wird mit einer Belohnung bedacht.

Angehörige des Hochadels und andere Personen von Rang werden, wenn sie sich gegen den Sonntag vergehen, nicht besser traktiert als der ärmste Bauer. Denn sobald ein Engländer den anderen bei einer an diesem Tage verbotenen Beschäftigung antrifft (und sei es nur eine

Kaninchenjagd im eigenen Garten), kann er sich beim nächsten Friedensrichter darüber beklagen. Dieser ist dann verpflichtet, dem Beschuldigten eine Geldbuße aufzuerlegen, die gewöhnlich ohne Zaudern bezahlt wird, weil eine Verhandlung vor Gericht ungleich teurer würde. Einen bescheidenen Anteil des Sühnegeldes erhält jener Mensch, der dem Friedensrichter den Frevel zu Ohren brachte.

Was aber, so mag man wohl fragen, treiben die Leute denn nun am Sonntag?

Die Männer pflegen ihn in der Taverne zu verbringen, wo sie nicht selten ihren ganzen Wochenlohn vertrinken. Und die Weiber hocken daheim bei einer Kanne Tee, um hernach durch die Straßen zu promenieren.

Wenn sich dann die Familie wieder zu Hause versammelt hat, wird frühzeitig zu Abend gespeist, worauf entweder der Vater oder die Mutter mit lauter Stimme aus einer alten Bibel vorliest.

In der Regel sind nach einer halben Stunde alle Familienmitglieder auf ihrem Stuhl eingeschlummert.

François Armand Frédéric Duc de la Rochefoucauld: Verschiedenes über England. 1784

Der Sonntag ist hier ein wahrer Totentag, an dem Tanz, Musik und Gesang verpönt sind, so daß ganz Fromme selbst die Käfige der Kanarienvögel verhängen, damit ihnen nur ja kein Singlaut entfahre. Auch darf kein Brot gebacken oder sonst ein nützliches Geschäft verrichtet werden.
Niemals aber liegen mehr Betrunkene auf den Straßen Londons als am Sonntag, und niemals ist der Andrang in gewissen Häusern so groß.

Hermann Fürst zu Pückler-Muskau: Briefe eines Verstorbenen. 1828

Spione, die am Sonntag durch die Straßen Londons streifen, lauschen aufmerksam, welche Art von Geräuschen aus den Gesellschaftszimmern der Häuser dringt. Und wenn sie vermuten, daß man irgendwo Karten spielt, singt oder musiziert, verstecken sie sich, so gut sie können. Sobald sie dann die betreffende Haustüre offen stehen sehen, schleichen sie hinein und verhaften die schlechten Christen, welche so dem hochheiligen Sonntag ihren Respekt versagen. Man darf ihn indessen feiern, indem man sich in den Tavernen und bei den Freudenmädchen vergnügt, von denen es in London wimmelt.

Giacomo Casanova, Chevalier de Seingalt: Geschichte meines Lebens. 1763

Wenn die Engländer ein passables Volk werden wollen, müssen sie weniger Fleisch essen, mehr Wein trinken und die unerträgliche Langeweile ihres Sonntags abschaffen.

Amédée Tissot: Vergleiche zwischen Paris und London. 1830

Der Sonntag ist hier besonders heilig und feierlich. Alle Kaufläden und Buden sind geschlossen, die Börse ist leer, in den Theatern wird nicht gespielt, und nirgends ertönt Musik.

Jedermann geht in die Kirche, und hernach sind die Spaziergänge voller festlich gekleideter Menschen. In den *Tea Gardens*, wo Punsch, Tee, Butter und Käse feilgehalten wird, erscheinen die Kammermädchen im schönsten Putz und suchen sich einen Liebsten.

Nikolai Karamzin: Briefe eines reisenden Russen. 1790

Die Engländer verstehen es nicht, Konversation zu treiben, und sie geben sich dabei auch keine Mühe.
Stellt man aber kühn die intimsten Fragen, so sind sie gleich in ihrem Element.

Dorothea Fürstin Lieven: Briefe an Fürst Metternich. 1820

In intellektueller Hinsicht halten die Engländer ihre Mädchen und Weiber so beschränkt als möglich, weil sie glauben, dadurch um so vollkommener über sie verfügen zu können.

Hermann Fürst zu Pückler-Muskau: Briefe eines Verstorbenen. 1828

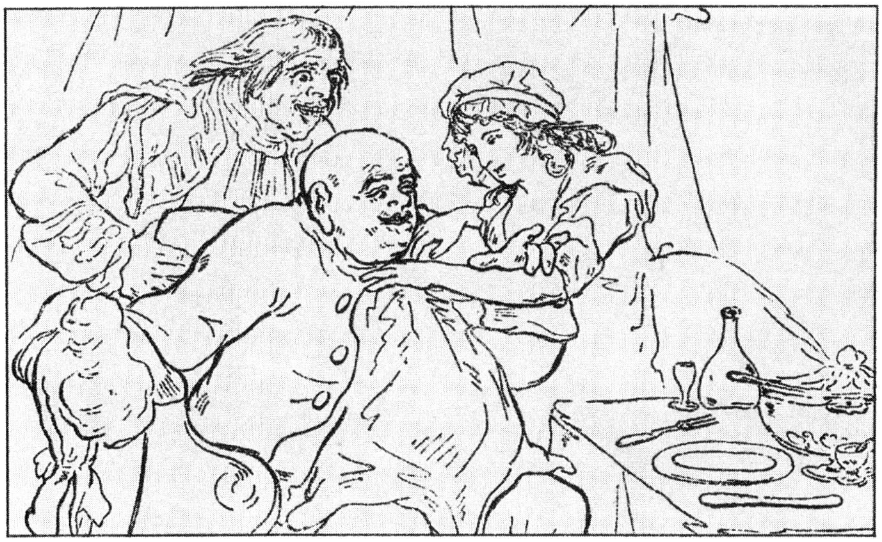

Nirgends werden die bloß physischen Bedürfnisse mit mehr Feierlichkeit und Zeitverlust befriedigt als in England.

Johanna Schopenhauer: Reise durch England und Schottland. 1803

Das englische Dinner ist eine rechte Strapaze. Es dauert vier bis fünf Stunden, und dem Magen wird dabei harte Arbeit zugemutet.
Immerfort fragt der Hausherr, ob einem die Speisen auch schmecken, ermuntert zu weiterem Verzehr und läßt den kaum geleerten Teller des geplagten Gastes abermals füllen.

François Armand Frédéric Duc de la Rochefoucauld: Verschiedenes über England. 1784

Ein fetter Mastbrite.

Heinrich Heine: Bilder und Farbenstriche

Bei einem englischen Dinner geht es zu wie in der Bataille: erst geschwinde attackiert und dann gemächlich pausiert.

Barthélemy Faujas de Saint-Fond: Reise nach England, Schottland und zu den Hebriden. 1797

Die Londoner Dienstboten weigern sich, das Rindfleisch zu essen, aus dem eine Brühe gekocht wurde. Sie behaupten, es tauge dann nur noch als Futter für Hunde.

Giacomo Casanova, Chevalier de Seingalt: Geschichte meines Lebens. 1763

Im allgemeinen haben die wohlhabenden Engländer viel mehr Dienstboten, als es bei uns in Frankreich üblich ist. Man hält zahlreiche Hausmägde, Stallknechte und Kammerzofen, die beständig mit Putzen, Säubern und ähnlichen Verrichtungen beschäftigt sind. Obendrein ist es Sitte, an jedem Samstag das Haus vom Keller bis zum Dachboden zu scheuern, wobei sogar die Fassaden abgewaschen werden.
Die englischen Dienstboten haben einen enormen Appetit und beharren darauf, daß ihre Herrschaft für sie von früh bis spät kaltes Fleisch, Tee und Punsch bereit hält.

François Armand Frédéric Duc de la Rochefoucauld: Verschiedenes über England. 1784

Drittes Kapitel Damen und Dandies

In London ist die Mode eine Pflicht, in Paris ein Vergnügen.

Marie-Henri Beyle (Stendhal): Erinnerungen eines Touristen. 1826

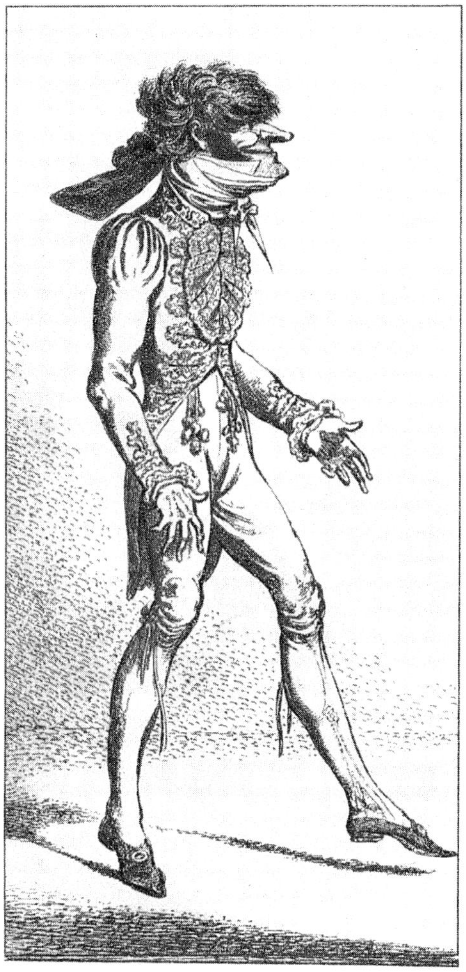

In der Bondstreet gibt es einen Modeprofessor, der für eine halbe Guinee die Kunst lehrt, wie man Krawatten nach dem neuesten Stil bindet.

A. de Gourbillon: England und die Engländer. 1817

Die Mode ändert sich hier fast so oft und so schnell wie das Wetter. Weder Satiren in den Zeitungen noch lächerliche Abbildungen auf Kupferstichen, die in den Bilderläden ausgestellt werden, vermögen das modische Publikum von seinen Torheiten zu kurieren.

Gebhard Friedrich Wendeborn: Beiträge zur Kenntnis Großbritanniens vom Jahre 1779

In England sind beide Geschlechter sehr reinlich: Ob Winter oder Sommer, man wäscht sich alle Tage in kaltem Wasser die Hände, die Arme, das Gesicht und den Hals. Die Frauen sind meistens blond und haben einen weißen oder zart rosigen Taint. Ihre Augen blicken sanft, aber wenig ausdrucksvoll, und ihre Gestalt, auf die sie sorgsam achtgeben, ist in der Regel schlank und wohlgeformt. Wenn sie des Morgens Toilette machen, schlüpfen sie in ein Mieder, das ihre Taille fest umschließt.

César de Saussure: Reiseberichte aus Deutschland, Holland und England. 1725-1729

Vor acht Tagen ist hier eine Mode aufgekommen, die etwas sehr Auffälliges hat. Die Mädchen tragen nämlich vier, fünf oder sechs große Straußenfedern auf den Köpfen — weiße, blaue, rote und schwarze zusammen. Diese Federn schwanken bei der kleinsten Bewegung des Herzens, und die Mädchen verstehen damit Haß und Liebe und weiß der Himmel, was alles, auszudrücken.

Georg Christoph Lichtenberg: Briefe aus England. 1775

Fast nie lernt der Engländer, sich einer anderen als seiner Muttersprache mit Leichtigkeit zu bedienen. So fliegt der reiche britische Jüngling durch die Welt, fragt in jedem Gasthofe nach Landsleuten, mit denen er die gewohnte Lebensweise fortsetzen kann, und kehrt nach Jahr und Tag zurück, ungefähr, wie er wegging — oft mit Kunstschätzen beladen, aber um wenige Ideen bereichert.
Einzig seine Überzeugung, daß Alt-England das erste Land der Welt sei, hat mittlerweile noch festere Wurzeln in ihm geschlagen.

Johanna Schopenhauer: Reise durch England und Schottland. 1803

Man kann die Umrisse der weiblichen Glieder durch die musselinene Nebelhülle, die sie neuerdings umgibt, mühelos erkennen.
Die Bondstreet, der Hydepark und Kensington Garden sind besät mit Scharen solcher halbnackter Figuren. Zwar weht ein schneidender Nordostwind; Erkältung, Krankheit und Tod dringen mit der scharfen Luft auf die dünnbekleideten Körper ein; die Schönen zittern vor Kälte, aber die Mode will es nun einmal nicht anders. Doktor, Apotheker und Totengräber können auf eine reiche Ernte rechnen.

Joseph Christian von Hüttner: Sittengemälde von London. 1801

Was zu der Langeweile der englischen Gesellschaften viel beiträgt, ist die hochmütige Angewohnheit der Engländer, niemals einen Unbekannten anzusprechen. Sie machen sich darüber zuweilen selbst lustig, ohne aber jemals anders zu handeln.

Man erzählt sich dazu folgende Geschichte: Eine Dame sah einen Menschen ins Wasser fallen und bat den sie begleitenden Dandy, einen guten Schwimmer, dem Unglücklichen doch zu Hilfe zu kommen. Ihr Freund ergriff mit dem Phlegma, welches zu den obersten Geboten der heutigen Mode zählt, seine Lorgnette, schaute ernsthaft auf den Ertrinkenden, dessen Kopf gerade zum letzten Male auftauchte und erwiderte dann: *»It's impossible, Madame. I was never introduced to this gentleman.«*

Hermann Fürst zu Pückler-Muskau: Briefe eines Verstorbenen. 1828

Hier in der Bondstreet ist es, wo die üppige Lebewelt, die da glänzen will im Eitelkeitsschaum, zusammenströmt, sich mustert und durchhechelt nach Gebühr. Hier — wo die Eleganten das Neueste aus dem Reich der Mode zur Schau tragen und alles dreimal so teuer bezahlen wie in den übrigen Gegenden Londons. Denn nur, was in den Läden der gefeierten Straße gekauft wurde, findet vor dem Scharfblick verfeinerter Sinne Gnade. Zur Bondstreet wallfahrten auch diejenigen, die den Leib mit Putz und Kleidern versehen, um zu erspähen, was über Nacht frisch aufgebrochen ist im großen Treibhaus der Mode. So ist hier immer ein lieblich buntes Gewimmel.

Wilhelm Bornemann: Einblicke in England und London im Jahre 1818

Weil das Damenvölkchen der englischen Hauptstadt gegen die Reize einer hübschen Männergestalt nicht unempfindlich ist, sorgen die schlauen Kaufleute in der Bondstreet für wohlgebaute, sattvolle und vielversprechende Ladendiener, mit denen eine Lady wohl ein paar Dutzend Worte mehr wechseln mag, als der Handel erfordert.
Dies ist die Ursache dafür, daß das vornehme Frauenvolk gar nicht aus der Bondstreet fortkommt und um ein paar Ellen Band oder ein Paar Schuhe den ganzen geschlagenen Morgen feilschet und schachert.
Je anziehender der Ladendiener, desto häufiger und getreuer sind die weiblichen Kunden.

Boettiger: London und Paris. 1805

Eine modische Mutter höheren Standes sieht ihre Kinder in vierundzwanzig Stunden kaum einmal. Sie treibt sich in den Zauberkreisen des galanten Unsinns herum, besucht Versteigerungen, ohne etwas zu kaufen und Gemäldegalerien, ohne von der Malerei das Geringste zu verstehen. Oft geht sie nur dorthin, um mit ihren Bekannten zu schnattern oder um eine Verleumdung über eine Nebenbuhlerin unter die Leute zu bringen.
Wieder daheim angelangt, gilt es, sich für die Tafel umzukleiden. Kaum ist aber die Mahlzeit beendet, beginnt schon das Putzen für den Abend im Schauspielhause. Hernach sitzt sie bis tief in die Nacht oder gar bis zum Morgen beim Kartenspiel.

Joseph Christian von Hüttner: Sittengemälde von London. 1801

Die englischen Modegecken sind jetzt mehr als in irgendeiner anderen Zeit den Weibern ähnlich. Sie tragen ihre Haare lang gekräuselt, mit Mehl bestreut und nach Wohlgerüchen duftend.

Ihre Hände bekleiden sie mit Handschuhen, ihre Zähne werden nicht bloß geputzt, sondern weiß gemacht, und auch ihre Gesichter sind stets bemalt. Sie entwöhnen ihre Füße dem Gehen und fahren, wo sie nur können. Sie sehnen sich nach weichlichen Polstern und sanften Lagerstätten. An den Fingern stecken ihnen Ringe, und ihre Taschen sind voller Näschereien.

Johann Wilhelm von Archenholtz: England und Italien. 1787

Jene schöne, bunte Livree, die bei uns einen bevorrechteten Wehrstand ankündigt, ist in England keineswegs eine Ehrenauszeichnung; wie ein Schauspieler sich nach der Vorstellung die Schminke abwischt, so eilt auch der englische Offizier, sich seines roten Rockes zu entledigen, sobald die Dienststunden vorüber sind.

Heinrich Heine: Englische Fragmente. 1828

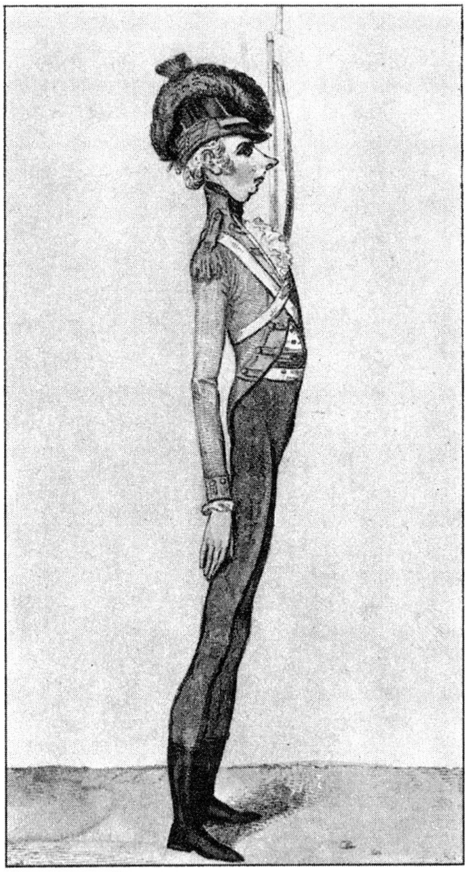

Ich habe festgestellt, daß es in England äußerst fatal ist, wenn man eine ordinäre Nase hat. Es kommt einem Verbrechen gleich, für das es keine Entschuldigung gibt.

Dorothea Fürstin Lieven: Briefe an Fürst Metternich. 1820

Sein Verhältnis zur Frau sucht der Dandy dahin umzukehren, daß sie als der angreifende und er als der duldende Teil erscheint.

Hermann Fürst zu Pückler-Muskau: Briefe eines Verstorbenen. 1828

Die Engländer haben aus der Langeweile eine Mode gemacht.

Michail Lermontow: Bela. 1839

Ich sehe hier viel mehr Stutzer als in Paris. Ihre Kopfbedeckung ähnelt einem Zuckerhute; das Haar hängt, dick gesalbt, bis auf die Schultern herab; das Maul ist meistens aufgesperrt, und ihr Gang ist sehr unanständig.

Nikolai Karamzin: Briefe eines reisenden Russen. 1790

Wenn eine Engländerin in Leidenschaft gerät, gibt sie sich keine Mühe, dies zu verbergen. Sie ist in einem solchen Zustand zu kühnen Entschlüssen fähig und zögert nicht, ihre Gefühle zu offenbaren.

César de Saussure: Reiseberichte aus Deutschland, Holland und England. 1725-1729

Mir behagt der kalte Charakter der Engländer nicht. Zwar hörte ich einen französischen Emigranten sagen: »Das ist ein mit Schnee und Eis bedeckter Vulkan« – aber er speit niemals Feuer, und während ich darauf warte, erfriere ich.
Mein russisches Herz ergießt sich gern in offenherzigen und lebhaften Unterhaltungen. Es liebt das Spiel der Augen, die raschen Veränderungen der Mienen und die ausdrucksvollen Bewegungen der Hände.
Der Engländer jedoch schweigt größtenteils, und wenn er spricht, tut er es in so einförmigem Ton, daß man denken könnte, er liest etwas vor.

Nikolai Karamzin: Briefe eines reisenden Russen. 1790

Im Karikaturenzeichnen kann sich kein Volk mit den Engländern messen. Wie frostig und matt erscheint neben ihren lustigen Strafbildern alles, was die Franzosen oder die Deutschen in dieser Art versucht haben!

Christian August Goede: England, Wales, Irland und Schottland. 1802

Viertes Kapitel High Society

Der englische Adel, so stolz er auch ist, kann sich doch an Alter und Reinheit kaum mit dem französischen, durchaus aber nicht mit dem höheren deutschen Adel messen.

Er blendet nur durch die alten, historischen Namen, die wohlweislich stets beibehalten werden, obgleich immer neue Familien und oft solche, die von ganz geringen Leuten oder gar Mätressen abstammen, dahinter stecken.

Hermann Fürst zu Pückler-Muskau: Briefe eines Verstorbenen. 1828

Nach Mitternacht begab ich mich auf einen glänzenden Ball bei Lady L...
Viele Diamanten, schöne Weiber, kostbare Erfrischungen und kolossales Ennui.

Hermann Fürst zu Pückler-Muskau: Briefe eines Verstorbenen. 1828

Die Briten finden wenig Vergnügen daran, ihren Weibern schmeichelhafte Komplimente zu machen. Auch ist ihnen ein Zechgelage oder Kartenspiel lieber als die Unterhaltung mit Frauenzimmern.

César de Saussure: Reiseberichte aus Deutschland, Holland und England. 1725-1729

Es will mir immer scheinen, als ob der Engländer sich über den reisenden Fremdling erhaben dünkt.

Luigi Angiolini: Briefe über England. 1788

Im allgemeinen hält der Brite jeden Ausländer für eine bedauernswerte, halb wilde Kreatur.

Nikolai Karamzin: Briefe eines reisenden Russen. 1790

Die Abendgesellschaft, zu der ich hier in London geladen war, begann nach der Oper, also gegen Mitternacht.

Es waren etwa vierhundert Gäste anwesend, und der Lärm dröhnt mir noch jetzt in den Ohren. Welch ein Tumult, welch drangvolle, staubige Enge!

Man konnte sein eigenes Wort nicht verstehen, denn die Rufe der Lakaien, das schrille Gekreisch der Damen und die dröhnenden Lachsalven englischer Witzbolde übertönten alles.

Während man Schulter an Schulter umherflanierte, starrten die Männer den Frauen dreist in die Augen, was diese mit kühner Koketterie erwiderten.

Madame de Avot: Briefe über England oder zwei Jahre in London. 1818

Beide Geschlechter tanzen hier gleichermaßen miserabel. Es geschieht ohne jegliche Grazie und ohne eine Spur von rhythmischem Gefühl. Die Frauen schieben dabei den Kopf weit vor, und die Männer veranstalten allerlei plumpe Beinbewegungen.
Kurzum, es ist ein wenig erfreulicher Anblick, Engländer tanzen zu sehen.

François Armand Frédéric Duc de la Rochefoucauld: Verschiedenes über England. 1784

Im Grunde seines Herzens ist jeder Ausländer heilfroh, wenn er der englischen Gesellschaft den Rücken gekehrt hat.

Hermann Fürst zu Pückler-Muskau: Briefe eines Verstorbenen. 1828

Unter den jungen englischen Aristokraten gibt es nur zwei Sorten:
Die einen waren lange auf Universitäten und halten sich deshalb für gescheite Köpfe. Sie haben schlechte Manieren und verdrossene Gesichter.
Die anderen aber wissen überhaupt nichts.

Charles-Louis de Secondat, Baron de la Brède et de Montesquieu: Notizen über England. 1729

Es ist erstaunlich, wie sehr die Engländer von ihrer eigenen Vortrefflichkeit überzeugt sind.

Luigi Angiolini: Briefe über England. 1788

Gestern wohnten wir einem Fest bei, das Lord Castlereagh auf seinem Landsitz veranstaltete.

Während getanzt wurde, machten diejenigen Gäste, die ein Bedürfnis dazu verspürten, einen kleinen Spaziergang im Freien.

Es war bereits tiefe Nacht, und dichte Lorbeerbüsche umsäumten die schmalen Parkwege. Nach und nach verschwand der größte Teil der Gesellschaft in diesen dunklen, gut abgeschirmten Promenaden. Schließlich befanden sich im Ballsaal nur noch kleine Mädchen, Tänzer von der Qualität meines Mannes, ein paar alte Frauen und ich.

Trotz der vielen Erfahrungen, die ich in diesem Lande gesammelt habe, bin ich über die Engländerinnen immer wieder verblüfft …

Dorothea Fürstin Lieven: Briefe an Fürst Metternich. 1820

Die Britinnen tanzen, als wenn sie auf Eseln ritten.

Heinrich Heine: Gedanken und Einfälle

Man sende französische Tanzmeister nach London, damit sie den Engländerinnen artige Bewegungen lehren.

Amédée Tissot: Vergleiche zwischen Paris und London. 1830

Der englische Pöbel nimmt an den Maskenbällen der vornehmen Welt auf eine sehr sonderbare Weise Anteil, die so viel Verdrießliches hat, daß man sich wundern muß, wie unter solchen Umständen delikate Damen diesem teuer erkauften Vergnügen nachjagen können. Die ungeheure Menge der Kutschen, die bei Beginn des Balles vorfahren, hat zur Folge, daß viele Gäste eine Weile auf der Straße warten müssen. Während dieser Zeit steigt der Pöbel mit Pechfackeln auf die Kutschräder und begafft die drinnen Sitzenden. Unter wieherndem Gelächter werden ihre Masken mit Fischmarktwitzen und Zoten bedacht. Über diese brutale Spötterei geht die Belustigung des Auswurfs der Nation freilich nicht hinaus.

Johann Wilhelm von Archenholtz: England und Italien. 1787

Hier auf dem Landsitz Hatfield hat sich eine bunt gemischte Gesellschaft eingefunden: Diplomaten, Minister, hübsche Frauen, eifersüchtige Ehemänner und parfümierte Dandies. Der Hausherr ist ein winziges Männchen mit ellenlangem Kinn. Seine Gemahlin hat viel Geld, große schmachtende Augen und ein Pferdegebiß.

Dorothea Fürstin Lieven: Briefe an den Fürsten Metternich. 1820

In den meisten hiesigen Abendgesellschaften ist das Spiel um ziemlich hohen Einsatz an der Tagesordnung, und die Damen gehen dabei am leidenschaftlichsten zu Werke. Auf den mit schwarzem Samt und goldener Stickerei bezogenen Tischen präsentieren sich die weißen Arme der englischen Schönen sehr gut. Vor ihren Händen muß man sich allerdings manchmal in acht nehmen ...

Hermann Fürst zu Pückler-Muskau: Briefe eines Verstorbenen. 1828

Ebensosehr wie die Männer zeigen sich hier auch die Frauen am Gelde interessiert.
Und es gibt nur wenige unter ihnen, die ein teures Geschenk zurückweisen würden — ja, solche Präsente sind sogar häufig der einzige Schlüssel zu ihrem Herzen.
Ein weiteres Zeichen dafür, wie heftig sie dem Golde zugetan sind, ist ihre Angewohnheit, bei der Erwähnung eines Unbekannten sogleich zu fragen: »Ist es ein reicher Mann?«
In diesem Lande wird eben niemand so sehr ästimiert wie der Wohlhabende.

César de Saussure: Reiseberichte aus Deutschland, Holland und England. 1725–1729

An den Spieltischen, diesen Altären der Torheit, herrscht völlige Gleichheit: Alter, Rang und Geschlecht erzeugen nicht den geringsten Unterschied. Runzlige alte Damen sind hier neben blühenden jungen Mädchen zu sehen, und die Karten fesseln die Blicke der Männer so sehr, daß sie von den halbnackten Grazien, die sie umschweben, keine Notiz nehmen.

Die schönsten Gesichter, auf denen noch kurz vorher jeder Liebreiz thronte, verwandeln sich einen Augenblick später in Furien-Physiognomien. Hier wird eine Rosenwange auf einmal lilienweiß. Dort scheint eine greise Matrone vom Fieberfrost geschüttelt zu sein. Schadenfreude, Betrug, Angst, Verzweiflung, rasender Leichtsinn und grinsende Habgier ringen um die Oberherrschaft.

Erst wenn draußen der Tag graut, eilt die Gesellschaft nach Hause — der eine mit vor Freude hüpfendem Herzen, der andere mit Gedanken an Gift, Dolch, Strick oder Pistole …

Joseph Christian von Hüttner: Sittengemälde von London. 1801

Fünftes Kapitel Spleen und Hobby

Es gibt englische Familien, in denen man seit drei Generationen nicht mehr lacht.

Abbé le Blanc: Briefe eines Franzosen aus London. 1745

Der Spleen ist eine moralische Krankheit, die auch unter dem Namen Langeweile oder Lebensüberdruß bekannt ist. Am häufigsten tritt sie in England auf, was vor allem an der feuchten nebligen Luft, der schweren Nahrung und den vielen Mußestunden des Briten liegen mag.

Nikolai Karamzin: Briefe eines reisenden Russen. 1790

Ich bilde mir manchmal ein, ich röche jene Langeweile, welche Albions Söhne überall ausdünsten.

Heinrich Heine: Ludwig Börne, 2. Buch. 1830

Der englische Lebensstil läßt jegliche Bereitschaft zu einer überraschenden Improvisation vermissen. Dies führt zu allgemeiner Langeweile. Gibt es doch keine Stunde des Tages und keine Jahreszeit, die nicht für irgend etwas reserviert wäre!

Fürst Vjazemski: Tagebuch. 1838

Unermüdlich versucht der Engländer, seine Frau davon zu überzeugen, daß er es für seine vornehmste Pflicht hält, Langeweile zu verbreiten.

Marie-Henri Beyle (Stendhal): Memoiren eines Touristen. 1821

Mein Herr Zuschauer!

In Ihrem Journal gaben Sie dem Publikum eine ungemein unterhaltende Nachricht von verschiedenen Klubs und nächtlichen Zusammenkünften; die Gesellschaft aber, in der ich Mitglied bin, scheint Ihrer Aufmerksamkeit ganz entgangen zu sein. Ich meine einen Klub von Balgerinnen. Wir nehmen jeder eine Mietkutsche und kommen einmal die Woche in einem großen Zimmer, das wir immer auf ein Jahr mieten, zusammen. Hier sind wir desto freier, weil unser Wirt und seine Familie, eine stille Art von Leuten, es so einrichten, daß sie an unserem Klubabend nicht zu Hause sind. Kaum haben wir uns versammelt, legen wir sogleich all die Sittsamkeit und Züchtigkeit ab, womit unser Geschlecht sich leider an öffentlichen Orten maskieren muß. Unaussprechlich ist das Vergnügen, das wir von zehn Uhr abends bis vier Uhr morgens genießen, da wir ebenso roh und ungezogen sind, wie Mannspersonen nur irgend sein können. Wir treiben das Spiel so arg, daß das Zimmer alsbald mit zerbrochenen Fächern, zerfetzten Unterröcken, Hauben, Schleifen, Strumpfbändern und Knieschürzen angefüllt ist.
Einmal in jedem Monat haben wir aber noch ein außerordentliches Fest, wo wir eine Prüde demolieren, will sagen, wir locken irgendein wunderliches und pedantisches Geschöpf in unsere Gesellschaft, das wir dann in einem Augenblick abtakeln.
Unsere letzte Prüde hatte sich mit Fischbein so sehr verschanzt und verrammelt, daß es uns große Mühe kostete,

ihr beizukommen. Aber Sie würden sich totgelacht haben, wenn Sie gesehen hätten, wie das züchtige, tölpische Ding aussah, als es aus seinen Verschanzungen herausforciert war ...

Auszug des englischen Zuschauers. 1782

Seit einigen Jahren sind die Kensington-Gärten zum Treffpunkt der Mittelschicht herabgesunken, und die gute Gesellschaft geht nur noch dorthin, um sich zu ertränken.

Dorothea Fürstin Lieven: Briefe an Fürst Metternich. 1820

Ein mir bekannter Engländer schnitt seiner verstorbenen Mutter aus wahrer Zärtlichkeit und mit ihrer vorher eingeholten Erlaubnis den Kopf ab, um den Schädel sein ganzes Leben lang küssen zu können.

Hermann Fürst zu Pückler-Muskau: Briefe eines Verstorbenen. 1828

Der reiche Engländer reist umher, frönt seinen Liebhabereien, heiratet und begeht eines Tages aus purer Langeweile Selbstmord.

Nikolai Karamzin: Briefe eines reisenden Russen. 1790

Der düstere, phlegmatische Brite verschlingt mit Heißhunger die Sonnenstrahlen, welche die beste Arznei gegen seinen Spleen sind.

Nikolai Karamzin: Briefe eines reisenden Russen. 1790

Verbringt man einen Tag damit, auf jenen Straßen Londons zu promenieren, die von der Börse zum St. James-Palast führen, so bemerkt man tausenderlei kuriose Dinge, die sich aus der störrischen Eigenbrötelei der Engländer ergeben.

Marie-Henri Beyle (Stendhal): Memoiren eines Touristen. 1821

Der trockene einsilbige Engländer besitzt einen ungeduldigen Widerwillen gegen alles und jedes, sein eigenes Leben mit einbegriffen.

Antoine de Rivarol: Rede über die Universalität der französischen Sprache. 1784

Die Briten haben keinen Appetit auf Salat und Küchenkräuter. Sie essen viel Roastbeef und Beefsteak, bekommen davon dickes Blut, werden melancholisch und begehen deshalb häufig Selbstmord.

Nikolai Karamzin: Briefe eines reisenden Russen. 1790

Der Engländer redet so viel vom Wetter, daß man sich ebensogut mit einem Barometer unterhalten kann.

A. J. B. Defauconpret: London und seine Einwohner. 1817

Zehn Jahre lang habe ich darüber nachgedacht, warum die Engländer dem Wind einen so großen Einfluß auf ihre Stimmung zuschreiben. Jetzt bin ich selbst seiner Wirkung anheimgefallen. So fühle ich mich bei Ostwind übellaunig und sowohl körperlich wie seelisch unausgeglichen.

Dorothea Fürstin Lieven:
Briefe an den Fürsten Metternich. 1823

Weil er eine Wette gewinnen wollte, sah ich einen gänzlich nackten Mann rund um den St. James-Park laufen. Während er seine Hand als Feigenblatt benützte, bahnten ihm einige Gentlemen den Weg durch die Menge der Spaziergänger.
Die Damen verbargen derweil ihre Gesichter im Fächer.

Freiherr von Pöllnitz: Memoiren und Reisebeobachtungen. 1739

Die unbegrenzte Freiheit, so zu leben, wie man will, und zu jeder Stunde das zu tun, wonach einen gelüstet (sofern es nicht dem Wohl der anderen abträglich ist), schafft in England eine Menge eigensinniger Charaktere, die dem Romanschreiber reichhaltiges Material bieten.

Nikolai Karamzin: Briefe eines reisenden Russen. 1790

Während der russische Adel sich in der Hauptstadt und auf Reisen ruiniert, tut der englische Lord dies auf seinem Landgut.

Nikolai Karamzin: Briefe eines reisenden Russen. 1790

Im Wimbledon bei London sah ich eine Boxerei zwischen dem Juden Elias und dem berüchtigten Schläger Tom Jones, wobei, nach einem fürchterlichen Gefecht von zwanzig Minuten, der Jude dem Jones einen mächtigen Hieb hinter das Ohr versetzte, der ihn auf der Stelle zu Boden sinken ließ.

Joseph Christian von Hüttner: Englische Miszellen. 1802

Auf einer Londoner Straße sahen wir einen Menschenauflauf, in dessen Mitte es offenbar etwas Seltsames zu sehen gab. Martinelli trat hinzu, und als er nach einigen Minuten zu mir zurückkehrte, sagte er: »Alle diese Leute warten gespannt darauf, ob ein Mann, der bei einem Boxkampf einen starken Schlag gegen die Schläfe erhielt, binnen einer Viertelstunde sterben wird.«

»Gibt es denn keine Hilfe für ihn?«

»Ein Chirurgus, der sich unter der Menge befindet, hat versprochen, den Boxer zu retten, wenn man ihm erlaubt, einen Aderlaß vorzunehmen.«

»Wer will ihm das verwehren?«

»Das ist ja das Verblüffende. Zwei Männer haben auf Leben oder Tod des Boxers zwanzig Guineen gewettet. Der eine hat gesagt: ›Ich wette, daß er stirbt!‹ Der andere behauptete das Gegenteil, und so kam die Wette zustande. Derjenige, der auf seinen Tod gesetzt hat, hindert den Chirurgus am Aderlaß, weil er nicht die zwanzig Guineen verlieren will. Und nun wird der Boxer wegen dieser unseligen Wette wohl sterben müssen.«

Giacomo Casanova, Chevalier de Seingalt: Geschichte meines Lebens. 1763

Vorgestern morgen boxten sich zween Kerls unter meinem Fenster. Ich habe diese Zeremonie schon sehr oft mit angesehen, aber nie ging es blutiger zu als dieses Mal.
Dem einen Kerl floß das Blut aus Nase und Mund über den nackten Leib, kam ihm endlich an die Arme und besudelte auch den anderen Burschen, so daß es in der Tat abscheulich aussah.
Als sie so fochten, kamen der König und die Königin vorbeigefahren, und zwar so dicht neben ihnen, daß ein Teil der Zuschauer auf die andere Seite des Gefährts treten mußte. Die beiden Kämpen ließen sich dadurch aber so wenig stören, als wenn ich vorbeigegangen wäre. Der eine Kerl wurde von seinem Widersacher sechs- bis siebenmal

niedergeschlagen. Er schlug ihm so an den Kopf, daß er seine Sinne verlor und wie ein Ohnmächtiger in die Knie brach. Sobald er wieder zu sich kam, wozu ihm die Umstehenden verhalfen, wagte er einen neuen Gang, bis man es endlich nicht mehr zuließ, weil zu fürchten war, daß er tot liegenbleiben würde. Alsdann gaben sie sich die Hände, zogen ihr Hemde wieder an und gingen jeder seines Weges.

Georg Christoph Lichtenberg: Briefe aus England. 1775

London, den 14. Juni 1836
Vormittags sah ich im Vorübergehen bei einem Wirtsgarten zwei Boxer. Es war nicht im Ernst gemeint, und doch gaben sie sich Schläge auf Kopf und Brust, daß es weithin tönte. Scheußlich, ich mußte gehen.

Franz Grillparzer: Tagebuch aus dem Jahre 1836

Ein Boxkampf dauert meistens eine halbe Stunde oder länger, und es ist Sitte, sich vorher den Oberteil des Leibes zu entblößen. Jedesmal, wenn einer fällt, richten die Zuschauer ihn wieder auf, trocknen seinen Schweiß und bemühen sich, seinen Mut neu zu entfachen. Der Sieger, welcher oft mehr entkräftet ist als der Besiegte, wird vom Publikum triumphierend wegbegleitet und der andere, wenn er nicht brav gefochten hat, mit Spott überschüttet.

Johann Wilhelm von Archenholtz:
England und Italien. 1787

Der englische Lord ist nicht nur jederzeit bereit zu einem Pistolenduell mit einem anderen Gentleman, sondern zieht sich auch gern den Rock aus, um mit einem Kutscher zu boxen.

Alexander Puschkin: Gespräch über Kritik. 1830

Eine charakteristische Lustbarkeit der Engländer sind die Wettrennen ihrer Pferde. Für einen Ausländer hat diese britische Ergötzlichkeit wenig Anziehendes. Da der größte Teil der Zuschauer selbst beritten ist oder mit einem Gefährt kommt, folgen den Rennpferden Tausende nach, und das mit einem solchen Geschrei, als wenn die türkische Kavallerie attackierte.

Johann Wilhelm von Archenholtz: England und Italien. 1787

Bei den Pferderennen in Epsom und Brighton sah ich Jockeys, die, um den Wettreitern Bahn zu machen, mit einer langen Peitsche hin und her liefen und Lords und Gentlemen aus dem Weg peitschten. Und was taten die solchermaßen berührten Herren? Sie lachten mit einem sauren Gesichte.

Heinrich Heine: Über körperliche Strafe in England. 1828

Die leidenschaftliche Vorliebe der Engländer für Wettkämpfe ist so groß, daß die Militär-Invaliden zu Chelsea und Greenwich sich zu diesem Zweck der Läuse bedienen, die, ungeachtet der großen Reinlichkeit in den Gebäuden, doch zu den Hausgenossen gehören. Sie setzen solche Tiere auf Tische und wetten sodann auf die schnelle oder langsame Bewegung des Ungeziefers.
Nicht Geld, sondern eine Kanne Bier (das höchste Gut des englischen Pöbels) bildet gemeiniglich den Gewinn bei diesen Wetten.

Johann Wilhelm von Archenholtz: England und Italien. 1787

In einer entlegenen Vorstadt von London betraten wir eine schmutzige Scheune, durch deren baufälliges Dach hie und da der Mond schien. In der Mitte des Raumes befand sich ein mit dicken Brettern umfriedeter Platz, um den sich viel gemeines Volk scharte, darunter etliche gefährlich dreinblickende Gesichter beiderlei Geschlechts. Über eine Hühnerstiege erreichten wir die zweite, für das fashionable Publikum bestimmte Galerie, wo der Platz 3 Schilling kostete.

Drunten auf der Galerie des Pöbels wurden derweil unentwegt Wetten abgeschlossen, die alle dem hochberühmten Terrier Billy galten. Dieser sollte nämlich das Kunststück zuwege bringen, innerhalb von zehn Minuten hundert Ratzen totzubeißen.

Aber noch war die Arena leer, und während man auf das Ratzenmassaker wartete, gingen große Bierkrüge von Mund zu Mund, und dicker Zigarrenqualm wirbelte empor. Endlich erschien ein starker Mann mit einem Sack, welcher die hundert lebenden Ratzen enthielt. Er löste den Knoten und entließ sie alle auf einmal in das hölzerne Geviert. Auf ein Zeichen kam Billy hereingestürzt, der sogleich mit unglaublicher Wut an sein mörderisches Geschäft ging.

Wie alle Uhren anzeigten, vollbrachte er das ihm aufgetragene Pensum in 9 1/4 Minuten ...

Unter großem Beifallsgeschrei kämpfte der berühmte Terrier dann mit einem Dachs. Jeder hatte einen Sekundanten, der ihn am Schwanze festhielt. Kaum war ein Biß erfolgt, wurden die beiden getrennt, um sogleich wieder

aufeinander losgelassen zu werden. Billys Aufgabe bestand darin, den Dachs in einer bestimmten Zeit so und so oft fest anzupacken, was ihm wiederum glänzend gelang. Der arme Dachs hatte schließlich bluttriefende Ohren, und auch Billy zog recht erschöpft ab.
Das Spektakel endete mit »Bearbiting«, wobei ein Bär einige Hunde übel zurichtete, während er selbst nur wenig zu leiden schien.

Hermann Fürst zu Pückler-Muskau: Briefe eines Verstorbenen. 1827

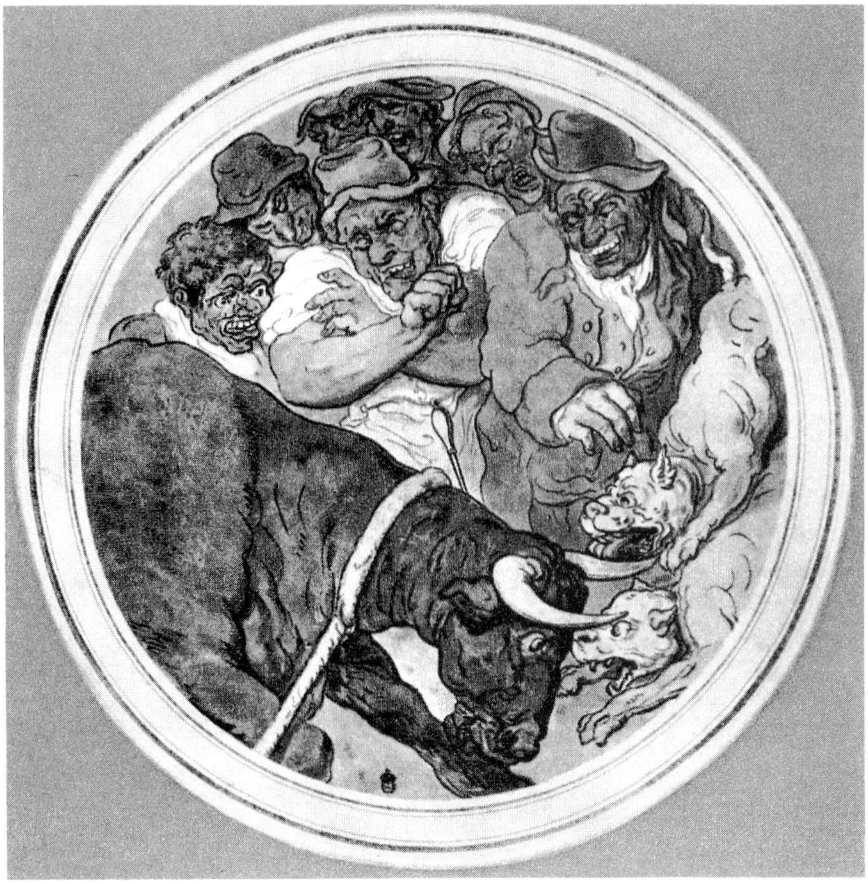

Ich schwöre euch, daß ich nirgends so viele tierische Gesichter sah wie hier in London.

Nikolai Karamzin: Briefe eines reisenden Russen. 1790

Der Hahnenkampf, diese grausame Spielerei, ist ein Überbleibsel aus barbarischen Zeiten, und es ist unverzeihlich, daß die englische Nation ihm noch immer frönt.
Man verfährt dabei folgendermaßen: Auf einen großen, runden Tisch, der mit einem Teppich bedeckt ist, werden zwei besonders kampflustige und eigens für diesen Zweck gezüchtete Hähne gesetzt. Ihre Flügel sind gestutzt, die Schnabelspitze ist ein wenig abgefeilt, und an ihren beiden Beinen hat man starke Stahldorne befestigt. Dies sind die Waffen, mit denen sie kämpfen.
Ehe das Treffen beginnt, werden von den Zuschauern ungeheure Summen auf den Sieg des einen oder des anderen Tieres gesetzt. Wenn die Hähne dann längere Zeit miteinander gefochten haben, pflegen beide gänzlich erschöpft und blutüberströmt zu sein. Schließlich aber rafft sich der eine zu einer letzten, gewaltigen Kraftanstrengung auf, stürzt sich nochmals auf seinen Gegner und tötet ihn. Mitunter dauert solch ein Duell drei bis vier Stunden.

Alle Kampfhähne haben einen Namen, und jedermann kennt sie. Bei ihrer Aufzucht wird mit aller nur erdenklichen Sorgfalt verfahren. Sie erhalten ein besonderes Futter, und ihre Dressur ist gänzlich darauf ausgerichtet, sie so zäh und stark als möglich zu machen.
Es ist kaum zu glauben, mit welcher Wildheit diese Tiere kämpfen. Ehe nicht eines von beiden tot auf der Walstatt liegt, lassen sie niemals voneinander ab. Und nicht selten stirbt der Sieger wenige Augenblicke nach dem von ihm bezwungenen Rivalen.

François Armand Frédéric Duc de la Rochefoucauld: Verschiedenes über England. 1784

Der Lord zeigte mir einen Hahn, der in einem Verschlag angekettet war und einen überaus rabiaten Eindruck machte.

»Ein schönes Tier, aber wozu die Kette?«

»Weil er ein wilder, feuriger Bursche ist. Wäre er nicht angebunden, würde er davonfliegen, allen Hennen nachstellen und die übrigen Hähne töten.«

»Warum verurteilen Sie ihn aber zum Zölibat?«

»Damit er kampftüchtig bleibt. Schauen Sie, hier ist die Liste seiner Siege.«

Der Lord öffnete eine Lade und zog ein langes Papier heraus, auf dem alle Kämpfe verzeichnet waren, die der Hahn siegreich bestanden hatte. Es waren mehr als dreißig, und jedesmal hatte er seinen Gegner getötet. Als der Lord dann die hellglänzenden Stahlsporen hervorholte, mit denen der Hahn bei den Kämpfen bewaffnet wurde, begann das Tier zu zittern, was mich in ein lautes Gelächter ausbrechen ließ.

Kampfeslüstern hob der Hahn seine Klauen, damit man ihm die Sporen anschnallte.

Giacomo Casanova, Chevalier de Seingalt: Geschichte meines Lebens. 1763

Im sogenannten Vauxhall Garden gab es mannigfaltige Genüsse: gutes Essen, Musik, einsame Spaziergänge auf dunklen Parkwegen, wo man Bacchantinnen begegnete, oder Promenaden in den von Lampions hell erleuchteten Alleen, wo man die berühmtesten Schönheiten Londons vom höchsten bis zum niedrigsten Rang versammelt sah.

Giacomo Casanova, Chevalier de Seingalt: Geschichte meines Lebens. 1763

Der berühmte Vergnügungsgarten zu Vauxhall ist vom Frühling bis zum Herbst alle Tage außer sonntags offen. Oft sind hier an die sechstausend Menschen versammelt. In einem prächtigen tempelartigen Amphitheater sitzt, umgeben von dreitausend großen kristallenen Lampen, das Orchester. Nicht weit davon gibt es ein großes Panorama zu sehen, wo ein Wasserfall und eine reizende Landschaft mit täuschender Ähnlichkeit dargestellt ist. Sogar das entsetzliche Rauschen des Wassers wird künstlich bewirkt.

Johann Wilhelm von Archenholtz: England und Italien. 1787

Diesen Abend gingen wir mit Herrn und Madame Schmidt aus Danzig nach Vauxhall. Die Illumination ist sehr prächtig und geschmackvoll, doch nicht so überraschend, als ich gedacht hatte. Von acht bis elf Uhr ist Konzert. Die Musiker sind auf einem süperb illuminierten Tempel in der Mitte des Gartens. Um elf Uhr geht der Vorhang eines kleinen Theaters auf, wo man eine Brücke nebst verschiedenen künstlichen Wasserfällen, äußerst natürlich nachgeahmt, erblickt. Über die Brücke gehen allerhand Marionetten: ein Jäger, der eine wilde Ente schießt, ein Bauernwagen, die Mail-Coach et cetera.
Um zwölf wurde ein süperbes Feuerwerk abgebrannt. Dann drängte alles zu den Lauben und Tischen, um zu soupieren.
Nach dem Abendessen wurde die Gesellschaft lauter und gemischter. In verschiedenen Teilen des Gartens nahmen Musikanten Platz und spielten Tänze, welche von sehr zweideutigen Damen getanzt wurden.

Arthur Schopenhauer: Reisetagebücher aus den Jahren 1803—1804

Die Engländer sind gewiß die größten Spaziergänger von ganz Europa. Diese Neigung hat die Anlage so vieler Gärten in der Stadt London veranlaßt, die bloß zu Spaziergängen dienen.

Der St.-James-Park ist vom Anbruch des Tages bis abends zehn Uhr offen und hat nicht weniger als siebzehn Zugänge, die alsdann von Soldaten verschlossen werden. Um Personen von Ansehen nicht der damit verbundenen Belästigung auszusetzen, werden für eine Guinee Schlüssel zu gewissen Parktüren verkauft. Wer einen solchen besitzt, kann die Nacht nach Belieben im Park verbringen.

Man sieht im St.-James-Park Kühe und Ziegen, wodurch er ein sehr ländliches Ansehen bekommt, das mit dem Luxus einer so großen Stadt seltsam kontrastiert. Die Engländer trinken hier bei ihren Spaziergängen Milch, die aber vor ihren Augen gemolken werden muß.

Auch der königliche Garten zu Kensington ist den ganzen Tag für Spaziergänger offen. Nur ganz gemeinen Leuten, welche die Livree der Armut tragen, ist der Zutritt versagt.

Johann Wilhelm von Archenholtz: England und Italien. 1787

Des Morgens um 9 Uhr, wenn ihr Dorfleute schon hungrig seid, stehen wir erst auf. Alsdann geht uns die Anordnung des Frühstücks im Kopf herum, das um Zehn hereinkommt und um halb Zwölf wieder hinausgetragen wird. Hierauf fahren wir entweder in den Park oder nach einem Putzladen. Um Vier rückt die Mittagessenszeit heran; alsdann kommt der Friseur.

Ihr werdet doch nicht verlangen, daß man beim Mittagessen an euch denkt. Pfui, wer wird bei *rost beef* und englischen *gelées* und Torte an euch und eure Mettwürste denken?

Nach Tisch habe ich Tee einzuschenken, und von da fahren wir zur Oper oder Comödie, und um elf Uhr essen wir zur Nacht.

Georg Christoph Lichtenberg: Briefe aus England. 1775

Der Engländer, der mit seiner Miß immer an den Badestrand geht, damit der Anblick der nackten Männer sie gegen Sinnlichkeit abstumpfe.

Heinrich Heine: Gedanken und Einfälle

Man besitzt hier höchste Achtung vor guten Sitten und nimmt sich zugleich die erstaunlichsten Freiheiten heraus.

Dorothea Fürstin Lieven: Briefe an Fürst Metternich. 1820

Sechstes Kapitel

Bettler, Quacksalber und Galgenvögel

Die meisten hiesigen Bettler haben einen festen Platz, wo sie sich täglich einfinden und bis zum Anbruch der Dunkelheit Jagd auf den Beutel der Vorübergehenden machen. Wenn sie sich einmal an der Ecke einer belebten Straße festgesetzt haben, so behaupten sie dort oft viele Jahre die Alleinherrschaft und dulden in der Nähe kein anderes Mitglied ihres Ordens.

Daß die tägliche Ernte dieser räudigen Schafe unendlich viel reicher ist, als man bei ihren Kirchhofsgestalten denken sollte, steht außer jedem Zweifel. Manche von ihnen erwerben sich dabei ein artiges Vermögen, das sie im Alter anständig ernährt. Indes sind nur wenige dieser mehr zu

verachtenden als zu bedauernden Geschöpfe zum Sparen geneigt. Die meisten verschwelgen in der Nacht, was sie am Tage zusammengebettelt haben. Der Hauptschauplatz solcher Bettlerschwelgereien ist St. Giles, das schmutzigste Viertel des westlichen London, das aus äußerst engen Gäßchen, die alle wie Mördergruben aussehen, besteht.

Hier gibt es richtige Schulen, wo der Taschendiebstahl von alten, erfahrenen Gaunern gelehrt wird. In der Mitte des Zimmers hängt als hölzerne Figur die Gestalt eines bekleideten Mannes. Der ganze Körper dieser Figur ist mit kleinen Schellen behängt, die an Stahlfedern befestigt sind und bei der geringsten Bewegung der Maschine einen Laut von sich geben. Eine Anzahl von jungen Gaunern umringt die Puppe, und ihr ehrsamer Lehrer unterweist sie in der Kunst, die Taschen derselben zu leeren. Wenn sie sich dabei tölpisch betragen, haben sie eine schmerzhafte Züchtigung zu erwarten. Sobald sie es aber verstehen, die Taschen des hölzernen Mannes mit Behutsamkeit zu plündern, will sagen, wenn sie Uhr, Dose, Börse und Schnupftuch herausziehen, ohne daß eine der Schellen anschlägt, werden sie zu Meistern erklärt und dürfen fortan ihr Heil in den Straßen, im Schauspielhause und an anderen Orten versuchen.

Joseph Christian von Hüttner: Sittengemälde von London. 1801

Ein berühmter Akteur, der die niedrigen Klassen der Menschen studierte, führte mich zu einem Speisekeller im Kirchspiel St. Giles. Die Magd, die uns empfing, setzte geschwind eine Leiter an. Kaum waren wir drunten im Gewölbe angelangt, zog sie die Leiter wieder hinauf, damit wir ihr nicht ohne Bezahlung entlaufen konnten.
In dem Keller fanden wir zehn saubere Tische, an denen Messer und Gabeln mit langen Ketten befestigt waren. Hier sahen wir uns nun umgeben von Gassenbettlern. Da wir uns vorher auf dem Trödelmarkt eine dazu passende Kleidung gemietet hatten, wurden wir mit ihnen bald vertraut.
Wie sehr erstaunten wir aber, als wir die angenehme und unbekümmerte Lebensart dieser Bettler erblickten! Ein

jeder zählte seinen Gewinn vom Tage, und es war keiner unter ihnen, der nicht doppelt und dreimal soviel erbettelt hatte, als der fleißigste Handwerksmann an einem Tag verdienen kann.
Nachdem das Finanzwesen in Ordnung gebracht und die Mahlzeit verzehrt war, ließ man sich einen Humpen voll Porterbier geben, der auf die Gesundheit aller wohltätigen Seelen geleert wurde.
Dann spielten die Blinden zum Tanz, und es war ein Vergnügen, zu sehen, wie geschickt Bettler und Bettlerinnen, auch solche, die tagsüber lahm gewesen waren, miteinander tanzten. Die kräftigsten Gassenlieder erschallten, und schließlich wurde von gewärmtem Porter und Rum ein starker Punsch bereitet. Man las die Zeitung und verbrachte die Nacht mit fröhlichem Trinken und Politisieren.

Justus Möser: Patriotische Phantasien. 1774

Bettelweiber leihen sich hier von blutarmen Leuten deren Kinder aus, um durch das Vorzeigen solcher bedauernswerter Kreaturen Mitleid zu erregen. Das Mietgeld für ein Kind beträgt am Tag einen halben bis zwei Schilling, je nachdem, wie übel und krüppelhaft es beschaffen ist. Denn die Mißgestalt bestimmt den Preis. Für ein garstiges Kind werden täglich vier Schillinge und mehr bezahlt. Ich habe selbst dem Gespräch zweier Bettelweiber gelauscht, die von ihrem Handwerk redeten. Die eine Frau erzählte, sie gäbe für das Kind, das sie mit sich führe, täglich zwei Schillinge aus. »Seid Ihr toll?« erwiderte die andere. »Zwei Schillinge für ein so wohlgestaltetes Kind? Dafür kann ich ja den besten Krüppel bekommen!«

Johann Wilhelm von Archenholtz: England und Italien. 1787

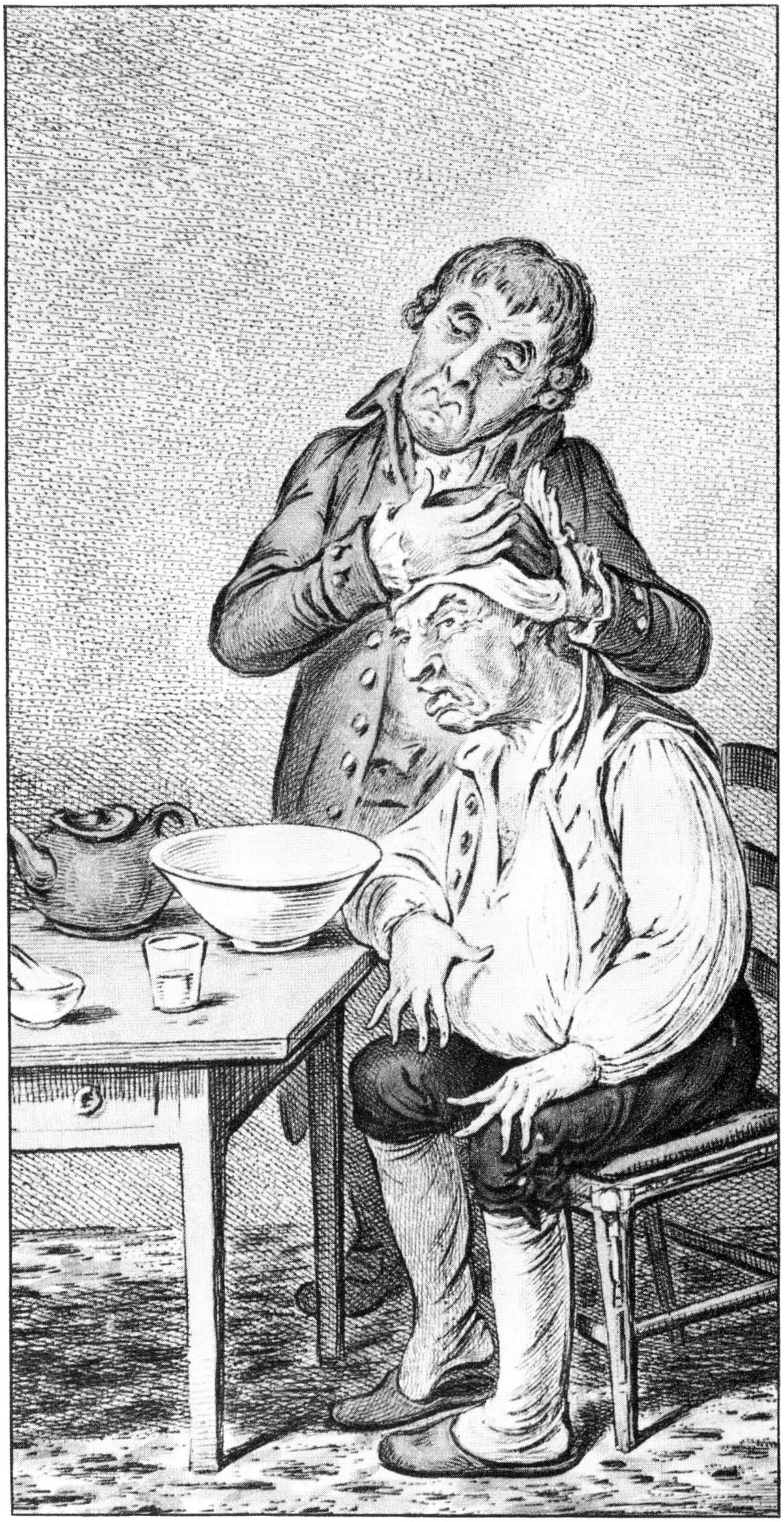

Es ist unbeschreiblich, wie groß die Zahl der Quacksalber hier in London ist und welche ungeheuren Summen die meisten von ihnen den Toren aller Stände ablocken. Diese Marktschreier rühmen sich auf die dreisteste Art großer Wunderkuren, die sie in anderen Ländern verrichtet haben und hier wiederholen wollen.
Die Reichsten unter ihnen sind Ausländer, vornehmlich Deutsche. Sie bezahlen gewissenlose Individuen, welche vor Gericht beeiden, daß sie durch den alleinigen Gebrauch ihrer Universalmittel von Krankheiten geheilt wurden, die sie niemals hatten. Ein Tor glaubt ihnen, und Tausende folgen ihm nach. Meineid ist also die Hauptstütze dieser Quacksalber und Bestechung ihre wirksamste Gehilfin.

Joseph Christian von Hüttner: Sittengemälde von London. 1801

In allen Straßen Londons, an der Börse und vor den Kaffeehäusern stehen Männer und Weiber und teilen Medizinzettel aus, die oft den sonderbarsten Inhalt haben. Ein Quacksalber bittet darin, man möge ihm nur den Morgenurin senden. Er verlangt den Patienten gar nicht zu sehen und will doch die dienlichsten Arzneien verordnen. Ein anderer Scharlatan verspricht, der Unfruchtbarkeit beider Geschlechter zu steuern. Der dritte macht sich anheischig, das Gegenteil zu bewerkstelligen — nämlich die Fruchtbarkeit des weiblichen Geschlechts nach Belieben zu hemmen. Die meisten aber rühmen ihre Geschicklichkeit im Kurieren galanter Krankheiten. Alle Ecken der Straßen, die Laternenpfähle und sogar das königliche Palais zu St. James sind mit derlei delikaten Affichen beklebt, und die Londoner Polizei begünstigt sichtlich diesen medizinischen Unfug.

Gebhard Friedrich Wendeborn: Beiträge zur Kenntnis Großbritanniens vom Jahre 1779

Nirgends wimmelt es so sehr von Quacksalbern wie in England. Dies bezeugen auch die Journale, deren größter Teil aus Ankündigungen von Wunderarzneien besteht.

Johanna Schopenhauer: Reise durch England und Schottland. 1803

Es vergeht hier in London kein Abend, ohne daß drei, vier oder fünf Straßenräubereien begangen werden, ganz zu schweigen von den nächtlichen Einbrüchen und anderen Diebereien. Man hängt die Spitzbuben zu Dutzenden und schickt sie zu halben Hunderten nach Amerika …

Georg Christoph Lichtenberg: Briefe aus England. 1775

Seit vier Wochen spricht ganz London von dem »Ungeheuer«. Die Zeitungen sind voll davon, und die Damen fürchten sich sehr davor. Der Pöbel sieht jeden Vorübergehenden scharf darauf an, ob man in ihm nicht das »Ungeheuer« entdecken könne. Alle Wände sind mit Ankündigungen einer Belohnung für denjenigen beklebt, der das »Ungeheuer« ergreift.

Es hat sich verkleidet, geht in vielerlei Gestalt umher und verwundet schöne Frauenzimmer mit einem eigens dafür erfundenen Instrument …

Georg Forster: Tagebücher. 1790

Das nächtliche Treiben der Wollustjäger und Freudenmädchen erlitt durch das »Ungeheuer« einen starken Stoß, denn kein Mann durfte sich, sobald es finster war, einem Frauenzimmer nähern. Die Priesterinnen der Venus hielten mit ihren traulichen Reden zurück, aus Furcht, auf das »Ungeheuer« zu stoßen. Nur diejenigen Mannspersonen waren gegen einen so bösen Argwohn gesichert, die unter dem Schutz eines Weibes die dunklen Straßen betraten.

Johann Wilhelm von Archenholtz: Britische Annalen. 1790

Das Räuberhandwerk erscheint in einem nicht unedlen Lichte in der berühmten »Bettler-Oper« des John Gay, die alle Jahre allein in London einige Dutzend Male gespielt wird und ein Lieblingsschauspiel des englischen Publikums ist. Hier sieht man eine ganze Bande Räuber, die mit Pistolen in der Hand die Ehre ihres Gewerbes besingen und ihre Bacchanalien feiern. Es ist nicht zu leugnen, daß gegen die Moralität eines solchen Schauspiels sehr viel zu sagen ist. Allein, das Sonderbare

desselben, der außerordentliche Witz, der darin vorherrscht, und die vortreffliche Musik erhalten es beständig auf dem Theater.

Johann Wilhelm von Archenholtz: England und Italien. 1787

Ew. Wohlgeboren werden vielleicht nicht glauben, daß es noch Wilde in England gibt. Es sind Leute, die in den Feldern, gemeiniglich bei den Ziegelhütten um London, geboren werden. Sie wachsen auf, ohne lesen und schreiben zu lernen. Wenn die Wollust in ihnen erwacht, beginnen sie zu stehlen, und zwischen achtzehn und sechsundzwanzig Jahren werden sie meistens gehenkt.

Georg Christoph Lichtenberg: Briefe aus England. 1775

Die gewöhnlichste Todesstrafe ist das Henken. Es ist hier bei weitem nicht so schrecklich wie in anderen Ländern. Auch wird der Gehenkte, abgesehen von einigen wenigen Fällen, ehrlich begraben. Man betrachtet es kaum als eine Schande für die Verwandten, wenn jemand solchermaßen endet. Ein Todesurteil wird vom Richter mit folgenden Worten ausgesprochen: »Das Gesetz befiehlt, daß Ihr nach dem Ort zurückkehret, von welchem Ihr hierher gebracht worden seid, und von da nach dem Ort der Vollziehung Eurer Strafe, wo Ihr so lange am Halse aufgehenket hängen sollet, bis Euer Leib völlig tot ist. Gott erbarme sich Eurer Seele.«
Der Zulauf bei solchen Exekutionen ist unbeschreiblich groß. Der Pöbel sieht die Hängetage als eine Art von Feiertagen an, und die Taschendiebe stehlen unter dem Galgen.

Gebhard Friedrich Wendeborn: Beiträge zur Kenntnis Großbritanniens vom Jahre 1779

London, den 8. Juni 1803

Ich wohnte diesen Morgen einem traurigen Schauspiel bei: Ich sah drei Menschen henken. Es bleibt immer der empörendste Anblick, Menschen auf eine gewaltsame Art umbringen zu sehen: Indessen hat eine solche englische Hängeszene doch bei weitem nicht das Gräßliche, was sonst Hinrichtungen haben.

Dieser Auftritt ist hier weniger schrecklich, indem man ihn nicht so feierlich macht. Hier sind keine Armesünderglocken, Sterbekleider u. dgl., das Gerüst steht dicht vor der Gefängnistüre, auch ist das Gewühl der Zuschauer nicht so groß, weil man regelmäßig alle sechs Wochen henkt. Ich war an einem Fenster, dem Gefängnis gegenüber, so nahe, daß ich die Gesichtszüge der Delinquenten genau unterscheiden konnte; sie schienen mir selbst nicht blaß. Ich schauderte, da man ihnen den Strick umband, dies war der gräßliche Augenblick: Ihre Seele schien schon in der anderen Welt zu sein, es war, als ob sie das alles nicht bemerkten. Ein Geistlicher war mit ihnen auf dem Gerüst; er sprach besonders mit einem von ihnen anhaltend: Es war ein jämmerlicher Anblick, zu sehen, mit welcher Angst diese Menschen selbst den letzten Augenblick zum Beten benutzen wollten! Einer von ihnen, der dabei immer die gefalteten Hände auf und nieder bewegte, machte, nachdem er schon gefallen war, noch ein paarmal dieselbe Bewegung.

Arthur Schopenhauer:
Reisetagebücher aus den Jahren 1803-1804

Während des Gottesdienstes, der am Sonntag vor einer Hinrichtung in der Gefängniskapelle zu Newgate abgehalten wird, steht inmitten eines Bretterverschlages ein Sarg, um den die Todeskandidaten sitzen.

Ackermann: Mikrokosmos von London. 1808

Im Gefängnis zu Newgate sah ich sechs Knaben, die alle zum Tode verurteilt waren, sehr lustig rauchen und spielen. Der älteste von ihnen zählte kaum vierzehn Jahre. Weil das Urteil noch nicht bestätigt war, glaubte man, daß sie am Ende begnadigt und nur zeitlebens auf eine Sträflingsinsel deportiert würden.

Vier Ältere, die sich in der gleichen Lage befanden, nur mit dem Unterschied, daß sie wegen zu schwerer Verbrechen auf keine Begnadigung rechnen durften, nahmen dessen ungeachtet ihr Schicksal noch humorvoller auf als die Knaben. Drei von ihnen spielten unter Späßen und Gelächter Whist. Der vierte aber saß auf dem Fensterbrett, wo er eifrig eine Grammatik studierte, um — Französisch zu lernen!

Hermann Fürst zu Pückler-Muskau: Briefe eines Verstorbenen. 1827

Nächst Boxen und Hahnenkampf gibt es für einen Briten keinen köstlicheren Anblick als die Agonie eines armen Teufels, der ein Schaf gestohlen oder eine Handschrift nachgeahmt hat und vor der Fassade von Old Bailey eine Stunde lang mit einem Strick um den Hals ausgestellt wird, ehe man ihn in die Ewigkeit schleudert.
Ich selber, den ein trister Zufall vorbeiführte, sah in London einen Menschen hängen, weil er ein Schaf gestohlen, und seitdem verlor ich alle Freude am Hammelbraten; das Fett erinnert mich immer an die weiße Mütze des armen Sünders.

Heinrich Heine: Florentinische Nächte. 1837

Im Morgengrauen des 22. Februar 1807 versammelten sich vor dem Portal von Old Bailey mehr als vierzigtausend Menschen, die alle der Hinrichtung von zwei Mördern beiwohnen wollten. Als die beiden Delinquenten gegen acht Uhr zum Galgen geführt wurden, herrschte vor dem Gerüst ein so wütendes Gedränge, daß jedermann Mühe hatte, sich auf den Beinen zu halten. Etliche Frauenzimmer von schmächtiger Statur versanken, gellend um Hilfe schreiend, in dem hin und her wogenden Menschenknäuel. Sie wurden von den wie besessen nachdrängenden Schaulustigen buchstäblich zu Tode getrampelt.
So erging es auch einem jungen Weibe, das, während es zum Galgen emporstarrte, einem Säugling die Brust reichte …

William Jackson: Der Newgate-Kalender. 1818

Siebentes Kapitel Die Lustmädchen

Man wird alle zehn Schritte von liederlichen Mädchen angefallen; zuweilen sind es zwölfjährige Kinder, die einem gleich durch ihre Anrede die Frage ersparen, ob sie auch wüßten, was sie wollten.
Ich habe einige, die wie Fräuleins aussahen, Fragen an mich tun hören, bei denen ein junger Student durch ein sohlendickes Fell rot geworden wäre.

Georg Christoph Lichtenberg: Briefe aus England. 1775

Die gemeinen Mädchen Londons behelligen abends jeden Vorüberziehenden mit den handgreiflichsten und gewaltsamsten Liebkosungen.
Diese Geschöpfe werden hier zu einer wahren Landplage.

Hermann Fürst zu Pückler-Muskau: Briefe eines Verstorbenen. 1827

Ein Tavernenwirt in Drurylane gibt jährlich eine Liste von den Freudenmädchen heraus, die sein Haus besuchen. Dieses Buch hat den Titel »Harry's list of Coventgarden ladies«. Hierin sind nicht nur die Namen der Lustmädchen verzeichnet, sondern auch ihre Gesichtsbildung, ihre Gestalt, ihre Manieren und die Talente, über die sie verfügen. Es werden davon alle Jahre achttausend Exemplare gedruckt, die sogleich vergriffen sind.

Johann Wilhelm von Archenholtz: England und Italien. 1787

Bekanntlich ist die Zahl der Freudenmädchen in London ebenso groß als die der sämtlichen Einwohner Berlins.

Hermann Fürst zu Pückler-Muskau: Briefe eines Verstorbenen. 1827

Man schätzt die Anzahl der Freudenmädchen in London auf über 50000, die Mätressen nicht mitgerechnet. Allein im Kirchspiel Marylebone zählte man vor einigen Jahren nicht weniger als 13000 solcher Weiber, von denen 1700 ganze Häuser für sich allein bewohnten. Diese Gattung der Freudenmädchen hat Kammerzofen und Livree-Bediente, manche sogar eigene Equipagen.

Johann Wilhelm von Archenholtz: England und Italien. 1787

Die Huren in den öffentlichen Häusern Londons sind so herrlich gekleidet, wie eine weibliche Figur überhaupt gekleidet werden kann.

Georg Christoph Lichtenberg: Briefe aus England. 1775

Die wollüstige Phantasie der englischen Karikaturenmaler bringt die verschiedensten Szenen der Ausschweifung und des skandalösen Treibens hervor. Es gibt nichts, was dem Auge des Publikums vorenthalten würde – einerlei, um welche Entblößungen oder Posituren es sich auch handeln mag.

Anonym: Moralisches, philosophisches und kritisches Bild von London im Jahre 1816

In jedem Karikaturgemälde findet der Engländer sein großes Vorrecht bestätigt, über alle erdenklichen Torheiten frei und öffentlich lachen zu können.

Christian August Goede: England, Wales, Irland und Schottland. 1802

Wer aus dem Wohnsitz der Tugend, ich meine, aus den kleinen Städten Deutschlands, nach London kommt, dem muß das Herz bluten, wenn er sich des Abends von solchen zwölf- oder dreizehnjährigen Geschöpfen, herausgeputzt wie Ballettschäferinnen, angefaßt und mit theatralisch-zärtlicher Umarmung aufgehalten sieht.
Sie sprechen mit kindlich liebreizenden Stimmen und einer Zungenfertigkeit, die vom Auswendiglernen zeugt...

Georg Christoph Lichtenberg: Ausführliche Erklärung der Hogarth'schen Kupferstiche. 1795

Ich kann nicht umhin, zu bemerken, daß ich abends auf den Londoner Straßen noch mehr Spuren von Liederlichkeit gesehen habe als in Paris. Unter den unglücklichen Opfern der Ausschweifung findet man sogar zwölfjährige Mädchen, und es gibt niederträchtige Mütter, welche ihre Töchter selbst an die Kupplerinnen verhökern.

Nikolai Karamzin: Briefe eines reisenden Russen. 1790

Es gibt in London eine besondere Art von Badehäusern, die man Bagnios nennt. Sie sind prächtig, ja manche sogar fürstlich möbliert. Alles, was die Sinne reizen kann, ist vorhanden oder wird beschafft.
Auf Verlangen werden Mädchen mit Kutschen herbeigeholt. Weil nur solche, die sich durch gute Umgangsformen, schöne Kleider und große körperliche Reize auszeichnen, dieser Ehre teilhaftig werden, senden sie ihre Adressen den Bagnios zu Hunderten ein.
Wenn ein Mädchen, das gerufen wurde, dem Gast nicht gefällt, erhält es kein Geschenk, sondern nur das Geld für die Mietkutsche.

Die Engländer behalten ihr ernsthaftes Wesen auch bei ihren Vergnügungen in den Bagnios bei, weshalb denn auch die Geschäfte in einem solchen Lusthause mit einer schweigsamen Artigkeit betrieben werden, die man sich kaum vorstellen kann.
Alte Leute und entnervte Personen werden hier, wenn sie es wünschen, mit Birkenruten bedient.

Johann Wilhelm von Archenholtz: England und Italien. 1787

Wenn eine verheiratete Engländerin entdeckt, daß ihr Ehemann eine Geliebte hat, nimmt sie dies häufig mit großer Gelassenheit hin. Ja, mitunter erfüllt sie sogar die Bitte ihres Gemahls, der Rivalin mit Höflichkeit zu begegnen. Fortan hält sie sich auch einen Liebhaber, und beide Ehegatten sind glücklich und zufrieden.

César de Saussure: Reiseberichte aus Deutschland, Holland und England. 1725–1729

Englische Mädchen niederen Standes legen es gern darauf an, Männer aus bekannter Familie zu umgarnen. Sobald diese sich mit ihnen eingelassen haben, behaupten sie plötzlich, man habe ihnen Gewalt angetan. Sie fordern hohe Schweigegelder, und die um ihren Leumund bangenden Opfer pflegen das Verlangte eilends zu zahlen.

Pawel Swinjin: Londoner Tagesnotizen. 1817

Strenge Sittsamkeit zählt wahrlich nicht zu den Haupttugenden der Einwohnerinnen von London. Man begegnet viel mehr Frauenzimmern, die umherstarren, als solchen mit niedergeschlagenen Augen, was doch gewiß ein Zeichen der Schamhaftigkeit wäre.

Gebhard Friedrich Wendeborn: Beiträge zur Kenntnis Großbritanniens vom Jahre 1779

Wenn man bedenkt, wie allgemein der Luxus in dieser ungeheuren Stadt ist, wie verderblich und verführerisch das Beispiel der Großen und selbst der Geistlichen wirkt, die sich ungestraft Konkubinen halten und nicht wegen Völlerei und Unzucht ihres kirchlichen Amtes enthoben werden, bedenkt man ferner, wieviel Mühe sich die Romanschreiber geben, um die Einbildungskraft ihres Publikums durch die Schilderung unzüchtiger Szenen zu entflammen, bedenkt man endlich, welch einen stimulierenden Einfluß der häufige Genuß animalischer Speisen auf die Säfte hat, so wird man leicht begreifen, wie groß hier die Verlockungen für das weibliche Geschlecht sind.

Joseph Christian von Hüttner: Sittengemälde von London. 1801

Leider ist die Gesellschaft im Drurylane-Theater sehr gemischt, und oft findet man eine Herzogin inmitten einer Schar von Freudenmädchen. Unanständige Scherze mit diesen Dirnen scheinen für die jungen Leute aus den besten Familien etwas ganz Erlaubtes zu sein, und man geniert sich nicht, mit ihnen vor aller Augen zu liebkosen.
In den Pausen versammelt sich der ganze Troß von öffentlichen Mädchen, von alten und jungen Lebemännern in dem großen Saal, der »Saloon« genannt wird. Dort werden Erfrischungen aller Art verkauft. Die Wände sind von Spiegelglas, die Zimmer ringsum mit Ottomanen und Sofas versehen. Hunderte von Kerzen beleuchten diese Szene der Schamlosigkeit und nie gesehenen Frechheit.

Otto von Rosenberg: Bilder aus London. 1834

An
Madame Theresa Berkley
27 Charlotte-Street
London

Verehrte Frau!
Ich bin ein ungezogener Junge, und zwar gänzlich unverbesserlich. Die berühmtesten Gouvernanten von London haben mich bereits unter ihrer Fuchtel gehabt, ohne daß es ihnen gelungen wäre, meine Widerspenstigkeit zu bezähmen.
So hat mich unlängst der alte Hotelier Jaunay vom Leicester Square an eine gewisse Mrs. Calmers verwiesen, welche große Erfahrungen im Gebrauch von Rute und Stock haben soll. Ich erhielt auch eine Einladung zum Dinner bei dieser Dame. Allein, alle ihre Mühe war vergebens. Denn trotz ihrer wahrhaft imponierenden Gestalt und der Kraft ihres Armes vermochte sie bei mir keinen nachhaltigen Eindruck zu hinterlassen. Gottlob, verehrte Frau, habe ich nun von Ihrem Freunde, dem Grafen G…, eine Empfehlung an Sie erhalten, weshalb ich vor Freude in die Luft springen möchte.

Zu Anfang des Monats Februar, wenn mich parlamentarische Pflichten nach London rufen, werde ich Ihnen meine Aufwartung machen.

Ihr hoffnungsvoller

Frobenius O'Flunkey

Anonym: Die Liebeslehrerin oder allerlei Rutenspäße. 1836

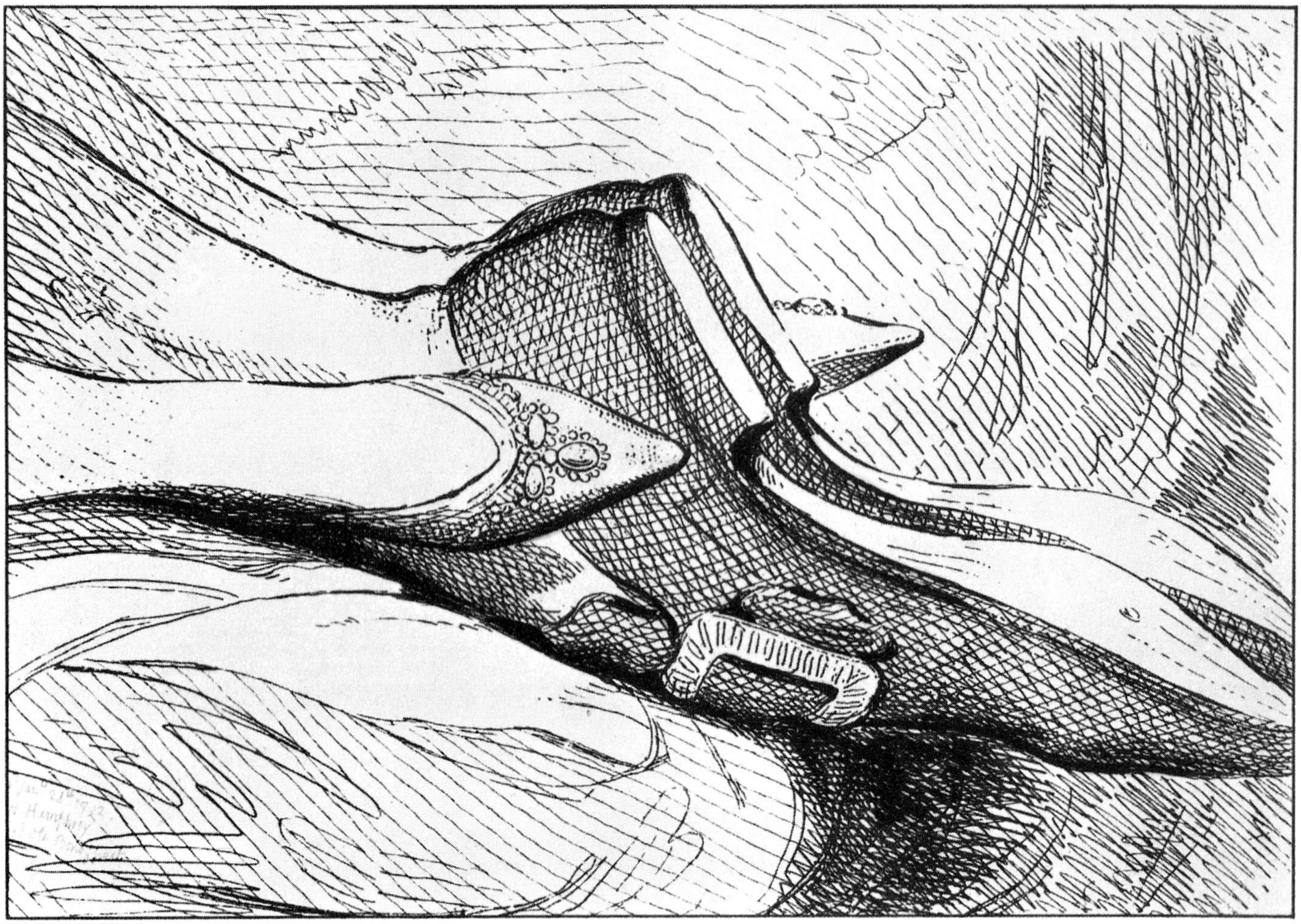

In Covent-Garden begegnete ich einer reizenden jungen Person, redete sie auf französisch an und fragte sie, ob sie mit mir zu Abend speisen wolle.
»Was werden Sie mir zum Dessert schenken?«
»Drei Guineen.«
»Ich stehe zu Ihrer Verfügung.«

Giacomo Casanova, Chevalier de Seingalt: Geschichte meines Lebens. 1763

Achtes Kapitel John Bull und die Musen

Die Liebhaber der italienischen Oper finden in den leeren Tönen so viel Reizendes, daß dem musikalischen Gott zu Ehren nicht selten die Mannheit geopfert wird. Dieses ausländische Gequieke kann wahrlich nur für jene elenden Idioten reizend sein, die aus Mangel an Gefühl für das wirklich Schöne Gefallen an dem bloßen Getriller finden. Und indem man den Singsang der entmannten Söldlinge lobpreist, befördert man zugleich die allgemeine Verweichlichung, die, ansteckend wie die Pest, in unseren jungen Edelleuten den Keim aller edlen Gefühle erstickt.

Anonym: Offenherzige Schilderung der Müßiggänger und Taugenichtse in London. 1787

London, den 2. Mai 1836

Die Verwaltung der hiesigen Theater ist gewinnsüchtig und elend. Man teilt selbst für die Logen Billetts bis ins Unendliche aus. Die später Kommenden stürmen herein und steigen hinter den Rücken der Sitzenden auf deren Bänke. Die Logentüren bleiben den ganzen Abend offen, und ich mußte eine Vorstellung des »Julius Cäsar« im vierten Akt verlassen, weil ich den Schluß nicht mit einer Erkältung erkaufen wollte.

Franz Grillparzer: Tagebuch aus dem Jahre 1836

Man schläft des Tags und macht
zum Tag die Nacht.
Und Drurylane und Covent-
garden locken.
Die Oper rauscht. Pfundnoten
wechselt man
für Musiknoten ein. *God save
the King*
wird mitgebrüllt.

Heinrich Heine:
William Ratcliff. 1822

In England liebt man den Gesang — einerlei ob er gut oder schlecht ist.

Marie-Henri Beyle (Stendhal): Rom, Neapel und Florenz. 1826

Das Getöse, welches der Londoner Pöbel im Schauspielhause vor Beginn des Stückes veranstaltet, ist ganz erschrecklich. Ein Ausländer, der an dieses zügellose Treiben nicht gewöhnt ist, glaubt sich an einem Kampfplatz zu befinden, wo man im Begriff ist, einander die Hälse umzudrehen.

Johann Wilhelm von Archenholtz: England und Italien. 1787

Musik wird hier gegenwärtig mit mehr Leidenschaft geliebt als in irgendeinem anderen Land Europas. Wer eine Tochter hat, läßt sie vor allen Dingen die Harfe, das Clavier oder ein anderes Instrument lernen, wobei es einerlei ist, ob sie musikalische Begabung besitzt oder nicht.

Joseph Christian von Hüttner: Sittengemälde von London. 1801

Nach dem Abendessen ging ich mit Martinelli ins Drurylane-Theater. Gleich zu Anfang des Schauspiels begann das Publikum im Parterre empört zu lärmen, weil man ihm nicht das angekündigte Stück zeigte. Der berühmte Akteur Garrick, welcher zwanzig Jahre später in Westminster begraben wurde, trat vergebens vor, um den Leuten beruhigend zuzusprechen; er wurde ausgepfiffen und mußte sich zurückziehen. Als die schlimmsten Grobiane riefen: »Rette sich, wer kann!«, sah ich, daß der König, die Königin und alle anderen distinguierten Personen ihre Logen räumten und das Theater der Wut des verärgerten Pöbels überließen, welcher nun sein rabiates Unternehmen laut lachend zu Ende führte. In weniger als einer Stunde war alles gänzlich verwüstet, und nur die Mauern widerstanden dem rasenden Zerstörungswerk.
Nach vollbrachter Tat ließen sich diese demokratischen Wüteriche in den umliegenden Schenken mit Branntwein vollaufen.

Giacomo Casanova, Chevalier de Seingalt: Geschichte meines Lebens. 1763

Die kurzen Pausen zwischen den Akten benutzten wir, um uns in den Konversationssälen umzusehen. Ganze Scharen von Lustmädchen sind hier versammelt, wie denn überhaupt die Londoner Theater von solchen Grazien wimmeln. An Nacktheit und Durchsichtigkeit der Kleider lassen sie es trotz üppiger Körperfülle nicht mangeln. Ihr Benehmen in diesen Sälen ist jedoch sehr bescheiden und verrät keineswegs ihr verrufenes Handwerk. Ein begehrender Blick wird durch artiges Überreichen einer kleinen, nach Rosen und Ambra duftenden Karte beantwortet, auf der die Schöne ihre Wohnung mitteilt und zum Besuch derselben zärtlich einladet.

Wilhelm Bornemann: Einblicke in England und London im Jahre 1818

Ehe sich im Drurylane-Theater der Vorhang hebt, werfen die Kerle auf der Galerie nicht nur Orangenschalen, sondern oft auch Becher mit Wasser und anderen Flüssigkeiten herab, so daß die Zuschauer in den Logen und im Parterre besudelt und verletzt werden.
Angesichts solcher empörender Ausschreitungen vergißt man gänzlich, daß man in einem Schauspielhaus weilt, welches den Titel »Königliches Theater« trägt. In Deutschland würde man derlei Rüpeleien nicht einmal beim Puppentheater in der Dorfschenke dulden.

Als ich einmal im Drurylane-Theater Umschau halten wollte und deshalb auch zur Galerie emporsah, bombardierte man mich von dort mit einem förmlichen Hagel von Orangenschalen. Sie flogen mir mit solcher Wucht ins Gesicht, daß ich mich alsbald wieder umwenden mußte. Man tut also gut daran, mit dem Gesicht zur Bühne stille zu sitzen und sich damit abzufinden, daß einem beständig Orangenschalen auf den Rücken treffen.

Friedrich Wilhelm von Schütz: Briefe über London. 1792

Ich saß gestern in meiner Loge im Haymarket-Theater, ganz aufmerksam auf das Stück, als sich plötzlich der allerniedlichste Fuß, in einen netten Schuh und einen perlfarbenen Seidenstrumpf gehüllt, auf den Stuhl neben mir legte.
Ich sah mich um, und ein paar prächtige, braune Augen lächelten mich schalkhaft aus einem Gesichtchen an, das ein großer italienischer Strohhut halb verdeckte.
Die kleine Person, welche kaum achtzehn Sommer zu zählen schien, benahm sich nicht ohne Feinheit und wußte durch eine artige Koketterie mir gegenüber, gepaart mit äußerst gemessenem Benehmen gegen andere, die sich ihr zu nähern suchten, bald eine Art Einverständnis zwischen uns hervorzubringen, ehe wir noch ein Wort miteinander gewechselt hatten.

Hermann Fürst zu Pückler-Muskau: Briefe eines Verstorbenen. 1826

Das Schauspiel sollte nicht nur auf eine anständige Weise unterhalten, sondern auch auf angenehme Art unterrichten; allein, dieser große Zweck wird in London nur selten erreicht, weil der Directeur sich dem allgemein herrschenden verdorbenen Geschmack unterwerfen muß. Und anders als verdorben kann man ihn wahrhaftig nicht nennen, weil der große Haufen an Obszönitäten, albernen Farcen und nichtsbedeutenden Operetten sein Gefallen findet.

Christian August Goede: England, Wales, Irland und Schottland. 1806

Bei der ersten Aufführung eines neuen Schauspieles ist das Haus gewöhnlich so voll, daß schon um sechs Uhr, also eine Stunde vor dem Beginn, kein Platz mehr zu haben ist. Die Kritiker harren alsdann wie beutelüsterne Geier auf den Anfang des Stückes. Und meistens bemerkt man schon, ehe der Vorhang aufgezogen wird, unter ihnen den wütendsten Streit zweier Parteien, die einander mit der Ungezogenheit von Pariser Fischweibern zu überschreien suchen.

Viele junge Männer gehen mit keiner anderen Absicht ins Schauspielhaus, als um Lärm zu machen. Ohne den geringsten Widerwillen gegen den Autor des Stückes, den sie oft nicht einmal dem Namen nach kennen, ja ohne mit dem Inhalt des Schauspiels vertraut zu sein, fangen sie, wenn der Vorhang aufgeht, ein fürchterliches Getöse an, das die ganze Vorstellung hindurch fortgesetzt wird — bloß um des elenden Vergnügens willen, die Verdammung des Stückes bewirkt zu haben.
Doch ich muß bemerken, daß es gewöhnlich Schuld des Directeurs ist, wenn ein wirklich gutes Stück niedergeschrieen wird. Steht es ja in seiner Macht, so viele Freibilletts an Wohlgesonnene auszuteilen, daß die Schreihälse überstimmt werden können.

Joseph Christian von Hüttner: Sittengemälde von London. 1801

Der Müßiggänger verschwelgt im englischen Schauspielhaus den edelsten Teil seiner Zeit; der Kritiker besucht es nur, um seine alberne Vielwisserei an den Mann zu bringen, der Beutelschneider, um zu stehlen, der Stutzer, um Eroberungen zu machen, Kupplerinnen und Hurenwirte, um einfältige Mädchen wegzuschnappen, und Kokotten und süße Herrchen, um sich den Augen des Publikums zu präsentieren …

Christian August Goede: England, Wales, Irland und Schottland. 1806

Wenn die Engländer lachen, gähnen die Franzosen.

Antoine de Rivarol: Rede über die Universalität der französischen Sprache. 1784

Was das Sterben auf der Bühne betrifft, machen hier selbst die zweitklassigen Schauspieler eine bessere Figur als unsere berühmtesten Mimen in Deutschland.
Sie halten nicht erst Ausschau nach einem Sessel oder Sofa, um dort auf pompöse Weise ihren Tod zu zelebrieren, sondern fallen kurzerhand zu Boden. Oft geschieht das mit solcher Heftigkeit, daß man allen Ernstes um ihre Knochen bangen muß.

Karl Gottlob Küttner: Beiträge zur Kenntnis vorzüglich des Inneren von England und seiner Einwohner. 1791

Der höhere Sinn für die Kunst scheint der englischen Nation im allgemeinen versagt zu sein.

Johanna Schopenhauer: Reise durch England und Schottland. 1803

Neuntes Kapitel Die schöne Engländerin

Große, veilchenblaue Augen, kirschrote, fein geschwungene Lippen, Zähne wie Perlen, seidenweiches Haar, ein voller, runder Busen — das alles (und noch vieles mehr) trägt zu der bewundernswerten Schönheit der englischen Mädchen bei …

Pjotr Makarow: Werke und Übersetzungen des Pjotr Makarow. 1795

Ich habe in meinem Leben sehr viel schöne Frauenzimmer gesehen, aber seitdem ich in England bin, habe ich mehr gesehen als in meinem übrigen Leben zusammengenommen, und doch bin ich erst zehn Tage in England.

Georg Christoph Lichtenberg: Briefe aus England. 1770

Unter allem Köstlichen, was diese Insel zu bieten hat, gibt es nichts, was mehr Bewunderung verdient als die Schönheit ihrer Frauenzimmer. Sie verfügen über Reize von so gewaltiger Wirkung, daß jeder Ausländer, zu welcher Nation er auch gehören mag, ihnen ohne Zögern den Apfel des Paris zuerkennen wird. Ein edler Körperbau vereint sich mit zierlichem Wuchs, einer vollen Brust und zarter Gesichtshaut zu einer schier unwiderstehlichen Komposition.

Johann Wilhelm von Archenholtz: England und Italien. 1787

So klein das Städtchen Dover auch ist, es begegnen einem darin auf Schritt und Tritt schöne Frauenzimmer mit bescheidener, zutraulicher Miene. Ja, meine Freunde, England kann man wahrhaftig als die Heimstätte weiblicher Schönheit preisen!

Und ein Reisender, dem die Engländerinnen nicht gefallen – vor allem, wenn er aus Frankreich kommt, wo es so wenig hübsche Mädchen gibt –, der muß ein Herz von Stein haben.

Ich wanderte mehrere Stunden durch die Gassen von Dover, bloß um mich an den reizenden Gesichtern zu ergötzen, die man hier überall sieht. Zwar lassen sich die hiesigen Schönen nicht mit Rosen vergleichen, denn sie sind fast alle blaß, aber diese Blässe, deren Ursprung wohl eine gewisse Empfindsamkeit ist, wirkt als ein zusätzlicher Reiz.

Mit ihren melancholischen Blicken scheinen sie dem Vorübergehenden sagen zu wollen: »Oh, ich verstehe es, zärtlich zu lieben ...«

Nikolai Karamzin: Briefe eines reisenden Russen. 1790

Von hundert Engländerinnen sehen dreißig wie groteske Karikaturen aus, vierzig sind definitiv häßlich, zwanzig passabel und zehn so schön wie eine Göttin.

Marie-Henri Beyle (Stendhal): Memoiren eines Touristen. 1821

Die Ladies hatten sanfte, engelhafte Gesichter, um die sich ihr lockiges Haar mit entzückender Nonchalance kräuselte.

Konstantin Batjuschkow: Briefe. 1814

Die Engländerinnen verdienen den Namen des schönen Geschlechts. Es sind schöne weiße, schlanke Leiber. Nur der allzu breite Raum zwischen der Nase und dem Munde, der bei ihnen ebenso häufig wie bei den englischen Männern gefunden wird, hat mir oft in England die schönsten Gesichter verleidet.

Heinrich Heine: Florentinische Nächte. 1837

Ich gestehe euch, meine Freunde, daß ich sogar die Engländerinnen von niedrigem Stande sehr liebenswürdig finde.

Nikolai Karamzin: Briefe eines reisenden Russen. 1790

Die Engländer finden Frauen mit haarigen Armen unwiderstehlich. Ist das nicht ein wunderlicher Geschmack?

Dorothea Fürstin Lieven: Briefe an den Fürsten Metternich. 1820

Weil das englische Frauenzimmer so schön und der Hang, sich mit ihm zu vergnügen, so allgemein ist, übersteigt der Abscheu der Insulaner gegen die Päderastie alle Grenzen. Nach den Gesetzen steht darauf, wenn nur ein Versuch geschehen ist, das Prangerstehen und eine Gefängnisstrafe von einigen Jahren. Die wirklich begangene Tat aber wird am Galgen gebüßt.

Diese Bestrafungen sind jedoch sehr selten, weil die hiesigen Päderasten bei ihren brutalen Handlungen die größte Vorsicht walten lassen.

Johann Wilhelm von Archenholtz: England und Italien. 1787

London, den 9. Juni 1827

Viel Anziehendes hier — Parlament, Westminsterabbey, englische Tragödie, schöne Weiber.

Heinrich Heine: Brief an Moses Moser. 1827

Für zahlreiche Hinweise gilt der Dank des Herausgebers der Kunstbibliothek der Staatlichen Museen der Stiftung Preußischer Kulturbesitz, Berlin.

Henning Schlüter

Anhang

Verzeichnis der benutzten Bildwerke

Bei der Auswahl der zeitgenössischen englischen Illustrationen wurde neben Einzelblättern und Sammelmappen vor allem folgende Literatur berücksichtigt:

The genuine works of James Gillray, engraved by himself, London, 1830

The works of James Gillray, by Thomas Wright, London, 1874

Rowlandson, the Caricaturist, by Joseph Grego, New York, 1880

The life of George Romney, by William Hayley, London, 1809

Old English colour prints, by Malcolm Salaman, London, 1909

Old English mezzotints, by Malcolm Salaman, London, 1910

Thomas Gainsborough, a record of his life and works, by Arthur Bell, London, 1897

La peinture anglaise, par Ernest Chesneau, Paris, 1884

The works of William Hogarth, from the original plates, restored by James Heath, London, 1822

My sketch book, by George Cruikshank, London, 1834–1836

Illustrations of time, by George Cruikshank, London, 1827

Scraps and sketches, by George Cruikshank, London, 1828–1832

Theatrical Pleasures, by Theodore Lane, London, um 1817

Symptoms of Being amused, by Henry Alken, London, 1822

Songs, by Henry Alken, London, 1822

The Caricaturist's Scrap Book, by H. Heath, London, um 1835

The comic English grammar, London, 1840

A history of caricature and grotesque in literature and art, by Thomas Wright, London, 1865

Verzeichnis der Abbildungen

Seite 4 *Auf Lady Godina's Abendgesellschaft.* Radierung von James Gillray, 1794.

Erstes Kapitel: Ankunft in Albion

31 *In einem Packetboot.* Englischer Kupferstich nach einer Zeichnung eines Marineoffiziers, 1821.

32 *Auf einem Packetboot während einer Sturmbö.* Englischer Kupferstich, 1826.

33 *Nach der Landung.* Zeichnung von Thomas Rowlandson.

34 *Expreß-Postkutsche in Honiton.* Zeichnung von Thomas Rowlandson.

35 *Reisefreuden.* Radierung von Thomas Rowlandson, 1807.

36 *Straßenszene in London.* Englischer Kupferstich, 1750.

39 *Londoner Misere.* Radierung von Thomas Rowlandson, 1807.

40 *Vor Humphrey's Laden in der St. James Street.* Radierung von James Gillray, 1808.

41 *Ein Dandy zu Pferde.* Radierung von James Gillray, 1800.

42 *Der Quacksalber Dr. Botherum.* Radierung von Thomas Rowlandson, 1800.

43 *Luxus.* Radierung von Thomas Rowlandson.

44 *Ein korpulenter Gentleman.* Radierung von James Gillray, 1801.

45 *Promenade auf der Bondstreet.* Radierung von James Gillray, 1796.

46 *Zwischenfall bei der Parade.* Kolorierte Radierung von Thomas Rowlandson, 1800.

47 *Ein verdorbenes Ei!* Kolorierter englischer Kupferstich, um 1825.

49 *Ein Landgasthof.* Aquarell von Thomas Rowlandson, 1796.

50 *Schlemmer beim Studium des Speisezettels.* Radierung von Thomas Rowlandson, 1792.

51 *Ankunft der Postkutsche vor dem Gasthof.* Radierung von Thomas Rowlandson, 1813.

52 *Postkutschen-Passagiere bei der Ankunft im Gasthof.* Radierung von Thomas Rowlandson, 1792.

52 *Euer Gnaden, die Stiefel!* Radierung von George Cruikshank, um 1820.

53 *Bitte hier entlang, Sir!* Radierung von George Cruikshank, um 1828.

54 *Das Kammermädchen.* Lavierte Federzeichnung von Thomas Rowlandson.

Zweites Kapitel: My home is my castle
57 *Die Whistpartie.* Radierung von James Gillray, 1796.
58 *Die sangesfreudigen Zechbrüder.* Radierung von James Gillray, 1801.
59 *Eine dezente Geschichte.* Radierung von James Gillray, 1795.
60 *Teestunde.* Radierung von Thomas Rowlandson, 1789.
61 *Ein Techtelmechtel in St. Giles.* Radierung von Thomas Rowlandson, 1799.
63 *Ein Sonntagabend.* Radierung von Bunbury, um 1784.
64 *Das Mittagsschläfchen.* Radierung von Thomas Rowlandson, 1785.
66 *Auf der Parkbank.* Kolorierter englischer Kupferstich, 1833.
67 *Ein kleiner Scherz.* Radierung von James Gillray, 1797.
68 *Wundersame Geschichten.* Kolorierte Radierung von James Gillray, 1802.
69 *Vorbereitung fürs Abendessen.* Radierung von Thomas Rowlandson, 1790.
69 *Beim Mittagessen.* Radierung von Thomas Rowlandson, 1790.
69 *Nach dem Essen.* Radierung von Thomas Rowlandson.
70 *Ein Feinschmecker.* Radierung von Thomas Rowlandson, 1788.
71 *Ein Schlemmer in Verdauungsnöten.* Radierung von James Gillray, 1792.
72 *Das Wäschemädchen.* Gemälde von Henry Morland, 1782.

Drittes Kapitel: Damen und Dandies
75 *Ein bißchen fester!* Radierung von Thomas Rowlandson, 1791.
75 *Mit gewohnter Grazie tänzelt Skiffy vorbei.* Radierung von James Gillray, 1800.
76 *Zwei Hüte.* Radierung von James Gillray, 1795.
77 *Die Morgentoilette, Blatt 1.* Radierung von James Gillray, 1810.
78 *Die neueste Mode.* Radierung von James Gillray, 1795.
78 *Wenn er vorbeistolzierte, erstarrte die ganze Bondstreet vor Ehrfurcht.* Radierung von James Gillray, 1802.
79 *Die Grazien im Wind.* Kolorierte Radierung von James Gillray, 1810.
80 *Eine Modeschönheit auf dem Wege nach Bath.* Radierung von James Gillray, 1796.
80 *Eine Dame beim Binden ihres Turbans.* Radierung von James Gillray, 1795.
81 *Ein Putzmacherladen.* Radierung von James Gillray (?), 1787.
82 *Die Verabschiedung.* Englischer Kupferstich, zeitgenössisch koloriert, 1826.
83 *Die Fußbewunderer.* Kolorierter Kupferstich von George Cruikshank.

84 *Im Putzmacherladen.* Radierung von Thomas Rowlandson, um 1795.
85 *Die elegante Mama oder die Bequemlichkeiten der neuesten Mode.* Kolorierte Radierung von James Gillray, 1796.
86 *Das Dandy-Trio.* Kolorierte englische Radierung, 1819.
87 *Der letzte Tupfer.* Radierung von James Gillray, 1796.
88 *Der müde Liebhaber.* Radierung von R. Newton, 1795.
89 *Modetorheiten von 1799.* Radierung von James Gillray, 1799.
90 *Die im Schlaf überraschten Ehebrecher.* Kolorierter Kupferstich von Thomas Rowlandson.
91 *Advokat und Klient.* Radierung von Thomas Rowlandson, 1784.
92 *Der Mode gehorchend.* Radierung von James Gillray, 1794.

Viertes Kapitel: High society
95 *Welch unsägliche Würde!* Radierung von James Gillray, 1803.
96 *Englische Neugier oder wie man einen Ausländer in Verlegenheit bringt.* Radierung von Thomas Rowlandson, 1794.
97 *Unbequeme Zwischenfälle auf einer Abendgesellschaft.* Kolorierte Radierung von George Cruikshank, 1818.
98 *Drei Tanzpaare.* Radierung von H. Heath, 1840.
99 *Die drei Wiggins.* Radierung von Thomas Rowlandson, 1803.
100 *Sir Solomon in all seiner Glorie.* Radierung von James Gillray, 1805.
101 *Der Kursaal in Bath.* Aquarell von Thomas Rowlandson.
102 *Grazieuse Übungen.* Kolorierte Radierung von Henry Alken, 1822.
103 *Der Rundtanz.* Aquarell von Thomas Rowlandson.
103 *Die Schneïderhochzeit.* Radierung von Thomas Rowlandson, 1814.
104 *Auf einem Maskenball.* Radierung von Thomas Rowlandson, 1811.
105 *Modetorheiten von 1821.* Kolorierte Radierung von George Cruikshank.
106 *Ein Spieltisch im Devonshire House.* Aquarell von Thomas Rowlandson.
107 *Auf Lady Godina's Abendgesellschaft.* Radierung von James Gillray, 1794.
108 *Moderne Gastlichkeit.* Radierung von James Gillray, 1792.

Fünftes Kapitel: Spleen und Hobby
111 *Beim Arzneischlucken.* Kolorierte Radierung von James Gillray, 1800.
112 *Ein gelangweilter Ehemann.* Radierung von Thomas Rowlandson, 1789.
112 *Ein Kunstmäzen auf Entdeckungsjagd.* Radierung von James Gillray, 1808.

114 *Unter dem Mispelzweig.* Kolorierte Radierung von Thomas Rowlandson, 1802.

115 *Im Kensington-Park.* Kolorierter Kupferstich von George Cruikshank, 1829.

116 *Ein Gentleman.* Radierung von James Gillray, 1798.

117 *Eheliche Harmonie.* Radierung von James Gillray, 1805.

118 *Furchtbare Hitze!* Radierung von James Gillray, 1808.

119 *Ein Dandy der alten Schule.* Radierung von James Gillray, 1800.

119 *Ein Sonderling.* Radierung von James Gillray, 1801.

120 *Diarrhöe.* Radierung von James Gillray, 1804.

121 *Lebensmüde.* Kolorierte Radierung von Henry Alken, 1822.

122 *Naßkaltes Wetter.* Radierung von James Gillray, 1803.

122 *Windiges Wetter.* Radierung von James Gillray, 1808.

123 *Die Schmetterlingsjagd.* Radierung von Thomas Rowlandson, 1806.

124 *Bellende Meute.* Radierung von James Gillray, 1800.

124 *Der Meisterschütze.* Radierung von James Gillray, 1800.

125 *Der Boxkampf.* Radierung von Thomas Rowlandson.

126 *Der Favorit.* Lavierte Federzeichnung von Thomas Rowlandson.

127 *Der entscheidende Schlag.* Kolorierte Radierung von Henry Alken, 1822.

128 *Leichtes Geplänkel.* Kolorierte Radierung von Henry Alken, 1822.

129 *Mendoza.* Radierung von James Gillray, 1788.

130 *Das Duell.* Kolorierte Radierung von Henry Alken, 1822.

130 *Boxunterricht.* Radierung von George Cruikshank.

131 *Vor dem Start.* Radierung von Thomas Rowlandson, 1811.

132 *Nach dem Start.* Radierung von Thomas Rowlandson, 1789.

133 *Der Hundekampf.* Radierung von Thomas Rowlandson, 1811.

135 *Billy, der Rattentöter.* Textillustration zu Fürst Pückler-Muskau, Briefe eines Verstorbenen, Stuttgart, 1837.

136 *Stierhetze.* Aquarell von Thomas Rowlandson.

137 *Der Hahnenkampf.* Kupferstich von William Hogarth, 1759.

138 *Auf Leben und Tod.* Aquatinta-Stich nach einer Zeichnung von Thomas Rowlandson, 1808.

139 *Der Vergnügungsgarten Vauxhall.* Kolorierte Radierung von Thomas Rowlandson, 1785.

140 *Vauxhall.* Aquatinta-Stich nach einer Zeichnung von Thomas Rowlandson, 1809.

141 *Neumodisches Ballett.* Radierung von James Gillray, 1796.

142 *Spaziergänger im Park.* Aquarell von Thomas Rowlandson.

143 *Modetorheiten von 1825.* Kolorierte Radierung von George Cruikshank.

144 *Sommerfreuden in Margate.* Radierung von Thomas Rowlandson, 1813.
144 *Im Seebad.* Radierung von Thomas Rowlandson.

Sechstes Kapitel: Bettler, Quacksalber und Galgenvögel

147 *Almosen machen viele Sünden wett.* Radierung von Thomas Rowlandson, 1781.
148 *Im Bettlerviertel St. Giles.* Radierung von Thomas Rowlandson, 1788.
149 *Almosenspenderinnen.* Aquarell von Thomas Rowlandson.
151 *Ein sanftes Brechmittel.* Kolorierte Radierung von James Gillray, 1804.
152 *Der Aderlaß.* Kolorierte Radierung von James Gillray, 1803.
153 *Einbrecher.* Radierung von Thomas Rowlandson, 1788.
153 *Straßenräuber.* Radierung von Thomas Rowlandson, um 1790.
154 *Das Ungeheuer.* Radierung von James Gillray, 1790.
155 *Zwei Schufte.* Radierung von Thomas Rowlandson, 1812.
156 *Ungebetene Gäste.* Kolorierte Radierung von Henry Alken, 1822.
156 *Ein gefährlicher Bursche und sein Opfer.* Kolorierte Radierung von Henry Alken, 1822.
157 *Die Hinrichtung von John Thurtell.* Englische Radierung, 1828.
158 *Der Galgen vor dem Newgate-Gefängnis.* Englische Radierung, 1821.
160 *Gottesdienst für Todeskandidaten in der Gefängniskapelle von Newgate.* Kolorierter Aquatinta-Stich nach einer Zeichnung von Thomas Rowlandson, 1809.
161 *Hinrichtung in Newgate.* Aquarell von Thomas Rowlandson.
162 *Die Hinrichtung von Webb und Russell.* Englische Radierung, 1809.

Siebentes Kapitel: Die Lustmädchen

165 *Wollust und Geiz.* Radierung von Thomas Rowlandson, 1788.
166 *Rosen gefällig?* Englischer Kupferstich, um 1775 (?)
167 *Ein warnendes Beispiel für Väter.* Radierung von James Gillray, 1797.
168 *Eine Männerfalle.* Kolorierte englische Radierung, 1780.
169 *Die lüsternen Greise.* Kolorierte Radierung von Thomas Rowlandson.
170 *Lydia.* Schabkunstblatt von W. Dickinson nach einem Gemälde von W. Peters, 1776.
171 *Die neuen Schuhe.* Zeichnung von Thomas Rowlandson.
172 *Mohrrübchen, junge Mohrrübchen!* Radierung von James Gillray, 1796.

173 *Old Q.* Kolorierte Radierung von Thomas Rowlandson.
174 *Der Mönch und das fromme Mädchen.* Radierung von Thomas Rowlandson, 1800.
175 *Eine reizende Person.* Koloriertes englisches Schabkunstblatt, 1781.
177 Anonyme englische Radierung. Karikatur auf die Flagellomanie. Ende des 18. Jahrhunderts.
178 *Vier Beine.* Radierung von James Gillray, 1792.

Achtes Kapitel: John Bull und die Musen

181 *John Bull in der italienischen Oper.* Radierung von Thomas Rowlandson, 1805.
182 *Im Theater.* Radierung von George Cruikshank, 1836.
183 *Madame Catsqualani.* Aquarell von Thomas Rowlandson.
184 *Theaterfreuden, Blatt 2: Der Kampf um den Sitzplatz.* Handkolorierter Kupferstich von Theodore Lane, um 1817.
185 *Harmonie vor der Ehe.* Radierung von James Gillray, 1805.
185 *Ein bißchen Musik oder die Wonnen des Wohlklanges.* Radierung von James Gillray, 1810.
186 *Ein Blick von der Bühne.* Radierung von Thomas Rowlandson, 1791.
187 *Theaterfreuden, Blatt 5: Genießer im Foyer.* Handkolorierter Kupferstich von Theodore Lane, um 1817.
188 *Theaterfreuden, Blatt 3: Wohlbehagen auf der Galerie.* Handkolorierter Kupferstich von Theodore Lane, um 1817.
189 *Das kluge Mädchen.* Radierung von Thomas Rowlandson, 1787.
190 *Moderne Grazie.* Radierung von James Gillray, 1796.
191 *Theaterfreuden, Blatt 1: Der Kampf um das wohlfeile Billet.* Handkolorierter Kupferstich von Theodore Lane, um 1870.
192 *In der Opernloge.* Radierung von Thomas Rowlandson, 1785.
193 *In der Opernloge.* Radierung von Thomas Rowlandson, 1785.
194 *Theaterpublikum bei einer Komödie.* Radierung von Thomas Rowlandson, 1787.
195 *Theaterpublikum bei einer Tragödie.* Radierung von Thomas Rowlandson, 1787.
196 *In der Gemäldegalerie.* Radierung von James Gillray, 1807.
196 *Die Kenner.* Kolorierte Radierung von Thomas Rowlandson, 1799.

Neuntes Kapitel: Die schöne Engländerin

199 *Garnelen!* Kupferstich von Bartolozzi nach einer Ölskizze von William Hogarth, 1782.
200 *Mädchen beim Zeichnen.* Gemälde von Sir Henry Raeburn.

201 *Yorick und die Handschuhverkäuferin.* Szene aus Sterne's ›Sentimental Journey‹, Gilbert Stuart Newton.

202 *Der Obstkarren.* Kupferstich von John Raphael Smith nach einem Gemälde von Henry Walton, um 1779.

203 *Besuch bei der Großmutter.* Schabkunstblatt nach James Northcote.

204 *Porträt einer Dame.* Gemälde von Sir Joshua Reynolds.

205 *Lady Hamilton als Bacchantin.* Kupferstich von John Raphael Smith nach einem Gemälde von Henry Walton, um 1785.

205 *Mrs. Abington als Roxane.* Gemälde von Sir Joshua Reynolds, 1784.

206 *Die Junggesellenkost – Brot, Käse und Küsse.* Radierung von Thomas Rowlandson, 1813.

207 *Mary.* Radierung von James Gillray, 1803.

208 *La Walse.* Radierung von James Gillray, 1810.

209 *Miss Benedetta Ramus.* Gemälde von George Romney, um 1779.

Die Reproduktionen wurden nach Photographien von Karl-H. Paulmann hergestellt.

Der Essay von Philippe Jullian »Der exzentrische Engländer« wurde von Herbert Lugert aus dem Französischen ins Deutsche übertragen.

ISBN 3-359-00488-4

1. Auflage 1991

Schutzumschlaggestaltung: Gerhard Medoch
Einbandgestaltung und Typographie: Gotthard de Beauclair
Printed in Germany
Herstellerbetrieb: Grafische Werke Zwickau